ALEXANDER F. GEMEINHARDT (Hg.)

T0119118

Die Pfingstbewegung als ökumenische Herausforderung

V&R

VANDENHOECK & RUPRECHT
IN GÖTTINGEN

BENSHEIMER HEFTE
Herausgegeben vom Evangelischen Bund
Heft 103

Die Deutsche Bibliothek – CIP-Einheitsaufnahme

Ein Titeldatensatz für diese Publikation ist bei
Der Deutschen Bibliothek erhältlich.

Umschlagbild: epd-bild Nr. 155056
Herstellung: Ph. Reinheimer GmbH, Darmstadt
ISSN-Nr. 0522-9014
ISBN 3-525-87197-X

INHALT

DIE PFINGSTBEWEGUNG
ALS ÖKUMENISCHER PARTNER

VORWORT

Kranke werden geheilt, Wunder geschehen, die Gemeindesäle sind überfüllt, Menschen werden zum Glauben an Jesus Christus gerufen und mit Wasser und Geist getauft. Wenn uns diese guten Nachrichten dennoch mit Nachdenklichkeit erfüllen, dann deshalb, weil sie Indiz der stetig wachsenden und mit unseren europäischen theologischen Kategorien schwer zu fassenden weltweiten Pfingstbewegung sind. Das größte Wachstum verzeichnen die pentekostalen Bewegungen und Kirchen in Südamerika und Afrika – die Pfingst- und Missionsgemeinden in Deutschland wirken dagegen klein und sind der breiteren – auch kirchlichen – Öffentlichkeit oft unbekannt. Viele Gemeindepfarrerinnen und Gemeindepfarrer sind unsicher, wie sie mit den neuen christlichen Nachbarn umgehen können.

Mit der Pfingstbewegung als Teil der weltweiten Gemeinschaft der Christinnen und Christen beschäftigt sich Dr. Reinhard Hempelmann, Leiter der Evangelischen Zentralstelle für Weltanschauungsfragen (Berlin). In drei auch persönlich gefärbten Beiträgen wird die Pfingstbewegung in drei speziellen Kontexten beleuchtet: Andreas Heuser (Missionsakademie an der Universität Hamburg) beschreibt die afrikanischen Entwicklungen, Martin Ufer legt seine mit dem „Hochschulpreis des Evangelischen Bundes 2001 Hessen und Nassau" ausgezeichnete Studie über „Neopfingstlerische Kirchen in Brasilien" vor. Heike Vierling-Ihrig beschreibt die Situation der evangelischen Kirchen und die besondere Entwicklung der Pfingstbewegung in Chile.

Die Pfingstbewegung ist in Deutschland zahlenmäßig eine der kleineren freikirchlichen Gemeinschaften. Die Gemeinden sind selbständig, pflegen nur punktuell ihre Gemeinsamkeiten im Bund freikirchlicher Pfingstgemeinden (BfP). Begegnungspunkte mit den etablierten Kirchen sind selten und ergeben sich leider oft erst in konfliktträchtigen Situationen. Dirk Spornhauer, Beratender Mitarbeiter des Konfessionskundlichen Instituts für den Bereich Pfingstkirchen und Charismatische Bewegungen, widmet sich deshalb dem Konfliktpotential in der Begegnung mit Pfingstgemeinden am Ort. Abschließend stellt Kai Buch die Frage nach der Sicht der Anderen auf die Pfingstbewegung in Deutschland.

Die Pfingstbewegung wird immer mehr zu einer „ökumenischen Herausforderung". Sie fordert die ökumenischen Partner heraus, sich zu den entstehenden und zum Teil schon eingeführten pfingstlerisch geprägten Gemeinden differenziert zu verhalten. Gleichzeitig sind auch diese Gemeinden auf dem Weg, mit den anderen Kirchen ins Gespräch zu kommen, anerkannt zu werden und voneinander zu lernen. Die Mitgliedschaft einzelner Gemeinden in lokalen und regionalen Arbeitsgemeinschaften Christlicher Kirchen (ACK), die Nähe zur Bundes-ACK und zur Vereinigung Evangelischer Freikirchen (VEF) sind Indize für die wachsenden Bemühungen einer gegenseitigen Öffnung und Verständigung.

Die Anregung zu diesem Bensheimer Heft geht auf den Geschäftsführer und Freikirchenreferenten des Konfessionskundlichen Instituts Bensheim Walter Fleischmann-Bisten zurück. Ihm sei an dieser Stelle herzlich gedankt für seine umfassende Unterstützung und freundschaftliche Begleitung. Bei den notwendigen Korrekturarbeiten haben sich neben ihm und Dirk Spornhauer auch Helga Schmolinsky und Carmen Zimmermann vom Konfessionskundlichen Institut Bensheim engagiert.

Dieses Buch ist in dankbarer Erinnerung zwei in diesem Jahr verstorbenen Freunden des Evangelischen Bundes und Mitarbeitern des Konfessionskundlichen Instituts Bensheim gewidmet: Professor Ferdinand Barth (1932–2005) war von 1963 bis 1968 als Wissenschaftlicher Referent am Konfessionskundlichen Institut tätig und gehörte von 1969 bis 2005 dem Vorstand des Evangelischen Bundes Hessen und Nassau an. Als Professor für Systematische Theologie an der Evangelischen Fachhochschule Darmstadt, deren Rektor er von 1986 bis 1990 war, blieb der dem Bensheimer Institut stets eng verbunden. Gerhard Beetz (1918–2005) war von 1947 bis 1984 Generalsekretär des Evangelischen Bundes und Geschäftsführer des Konfessionskundlichen Instituts und maßgeblich an der Edition der „Bensheimer Hefte" beteiligt. In seinen vielfältigen Ehrenämtern im Dekanat Bergstraße-Mitte (früher: Zwingenberg) und in der Evangelischen Kirche in Hessen und Nassau trug er nachhaltig zur Verortung des Konfessionskundlichen Instituts in Bensheim bei.

Bensheim, am Reformationstag 2005

Alexander F. Gemeinhardt

DIE PFINGSTBEWEGUNG
ALS ÖKUMENISCHE HERAUSFORDERUNG

Reinhard Hempelmann

**Die Pfingstbewegung als Teil der Weltchristenheit
und ökumenische Herausforderung**

Durch ihre wirkungsvolle Ausbreitung haben pentekostale Bewegungen neue Bedeutsamkeit erlangt und die theologische Reflexion wie auch das kirchliche Handeln herausgefordert. Pentekostal-charismatisch bestimmte Bewegungen setzen kulturell angepassten Formen des Christentums in biblizistischer Berufung auf das Neue Testament die Radikalität und endzeitliche Ausgerichtetheit urchristlichen Lebens entgegen. Sie stellen die gegenwärtige Erfahrung des Geistes bzw. Jesu Christi in den Mittelpunkt der individuellen und gemeinschaftlichen Erfahrung. Zugleich zeichnet sich in pfingstlich-charismatischen Bewegungen ein eigener Kirchen- und Frömmigkeitstypus ab, der die Entwicklung des neuzeitlichen Christentums zunehmend mitbestimmt.

I. Der pfingstliche Typ im Glaubensverständnis

Noch jenseits bestimmter Ausprägungen und Differenzierungen lässt sich gleichsam idealtypisch ein pfingstlich-charismatischer Typ von Glaube und Kirche benennen, der vielfältig Gestalt gewinnen kann. Darauf hat mit Recht bereits 1953 der reformierte Theologe Lesslie Newbigin in seinem Buch „The Household of God"[1] hingewiesen. Er unterscheidet drei verschiedene Typen im Verständnis von Kirche: den katholischen, den protestantischen und den pfingstlichen. Jeder dieser drei Typen gibt nach Newbigin eine eigene Antwort auf die Frage, wodurch das Kirchesein der Kirche konstituiert wird.

---

[1] Newbigin 1953, vgl. bes. 116 ff.

- Die Antwort des katholischen Typus: durch die apostolische Verfassung.
- Die Antwort des protestantischen Typus: durch die apostolische Botschaft.
- Die Antwort des pfingstlichen Typus: durch die reale Erfahrung des Geistes.

In der Frage, wie Gottes Heil zum Menschen kommt, stehen sich bis heute ein priesterlich-sakramentaler, ein worthaft-personaler und ein auf prophetische Unmittelbarkeit drängender Ansatz gegenüber. Das Bewusstsein, diese Ansätze nicht nur in ihrer Unterschiedlichkeit, sondern in ihrer Offenheit füreinander wahrzunehmen, ist dabei zweifellos gewachsen.

Die historischen Kirchen haben pfingstliche Bewegungen lange Zeit als sektiererische Abspaltungen wahrgenommen. Demgegenüber haben die Pfingstgemeinschaften in den großen Kirchen antichristliche Systeme gesehen. Ein in ökumenischer Hinsicht bedeutsamer Vorgang war die Ende der 50er, Anfang der 60er Jahre des 20. Jahrhunderts einsetzende Entwicklung charismatischer Erneuerungsbewegungen innerhalb der historischen Kirchen. Da die Charismatische Bewegung geschichtlich und phänomenologisch in einem engen Zusammenhang mit der Pfingstbewegung steht, haben die anerkennenden Bewertungen charismatischer Bewegungen in den Kirchen die Haltung gegenüber den pfingstlerischen Gemeinschaften beeinflusst und verändert. An die Stelle des alten Bildes der Pfingstler als aus dem Protestantismus kommenden Sektierern tritt ein neues, das bemüht ist, sie zur Familie der sich ökumenisch begegnenden Kirchen gehörig anzusehen, auch wenn Strukturen und Formen der Begegnung und Gemeinschaft vielfach noch gesucht und aufgebaut werden müssen.

Man kann freilich darüber streiten, ob der pfingstliche Typ im engeren Sinn kirchenbildend ist oder ob es sich eher um eine Bewegung oder einen Frömmigkeitstyp handelt, der in unterschiedlichen ekklesialen Kontexten wirksam wird. Auch Newbigin meinte mit dem pfingstlichen Typ nicht nur die Pfingstkirchen, sondern eine bestimmte Gestaltwerdung des Evangeliums, einen „dritten Strom christlicher Erkenntnis"[2]

---

[2] AaO., 116.

mit entsprechenden Ausprägungen im Frömmigkeitsvollzug. Historisch ließen sich seine Hinweise vielfältig konkretisieren. Asketisch-spiritualistische Unterströme begleiten die abendländische Christenheit seit ihren Anfängen. Im Montanismus des zweiten Jahrhunderts artikulierten sie sich in rigoristischer Askese und Kirchenzucht, verbunden mit einem konkreten Chiliasmus. Im Mittelalter zeigten sie sich in den monastischen Bewegungen und Orden. Während der Reformationszeit verschafften sie sich im so genannten linken Flügel der Reformation Ausdruck. Mit dem pfingstlichen Typ der Frömmigkeit ist der Pietismus insofern verbunden, als sein Ausgangspunkt ein erlebter „Geistesfrühling" war und er insgesamt als Bewegung „zur Erneuerung von Kirche, Theologie und Frömmigkeit aus der erfahrbaren Lebenskraft des Heiligen Geistes"[3] angesehen werden kann, wie Johannes Wallmann mit Recht feststellt. Allen Formen des Pietismus ist das Drängen und Warten auf ein neues, reicheres, individuell oder in Gruppen erfahrbares Wirken des Geistes gemeinsam, wie auch die Klage über die Geistesarmut der Amtskirche, über ein geistloses Gewohnheitschristentum sowie über die Geistlosigkeit einer sich in Polemik erschöpfenden Theologie.[4] Erkennbar wird im Pietismus auch eine gewisse Verlagerung des Akzentes von der Christologie auf die Pneumatologie bzw. von der Objektivität göttlicher Gnadenmitteilung auf die Subjektivität der Aneignung der Gnade. Zwar konzentriert sich der Pietismus wie das charismatische Erweckungschristentum darauf, dass der „Glaube ein göttliches Werk in uns sei, der uns zu ganz anderen Menschen macht, von Herzen, Mut, Sinn und allen Kräften und bringet den Heiligen Geist mit sich" (Martin Luther in seiner Römerbriefvorrede), es fehlt bei ihm jedoch die pointierte Hervorhebung von enthusiastischen und ekstatischen Geisterfahrungen, jedenfalls bei seinen Hauptvertretern. Der Pietismus sagt ja zur Möglichkeit außergewöhnlicher Geisterfahrung. Er nimmt aber auch die reformatorische Skepsis gegenüber einer unmittelbaren Berufung auf den Geist auf und warnt vor einer falschen Inanspruchnahme propheti-

---

[3] Wallmann 1985, 132. Vgl. dazu auch Föller 1998.
[4] AaO., 132 ff.

scher Vollmacht bzw. drängt auf eine Unterscheidung der Geister, wobei Spener offensichtlich im Blick auf die Beurteilung von Geisterfahrungen nicht nur in dualistischen Alternativen (göttlicher oder dämonischer Geist) dachte, sondern zu differenzierteren Urteilen bzw. Urteilsenthaltungen kam.[5]

In seinen vielfältigen Ausprägungen beruft sich der „pfingstliche" Typ auf folgende biblische Zusammenhänge:
- die von Zeichen, Wundern und Dämonenaustreibungen begleitete Predigt Jesu und der Apostel (vgl. Mt 10,7 ff.; Mk 16,15 ff. u. a.);
- die in der Apostelgeschichte berichtete Pfingsterfahrung und die innerhalb der Urgemeinde gelebte Liebeseintracht (vgl. Apg 1 und 2);
- das Aufbrechen der Geistesgewissheit in den Charismen (Geistestaufe) sowie die pneumatische Gestalt des Gottesdienstes in Korinth in der Dynamik von Hymnus und Gebet, Lehre und Offenbarung, Prophetie und Sprachenreden (vgl. 1. Kor 12-14 bzw. 1. Kor 14,26);
- die Zusage des Kyrios in den johanneischen Abschiedsreden, dass der vom Vater ausgesandte Geist die Seinen in alle Wahrheit leitet (vgl. Joh 14-17).

Er wehrt sich gegen einen ritualisierten Gottesdienst, gegen die juridische Fixierung der Gemeindezugehörigkeit, drängt auf die Geistunmittelbarkeit jedes Glaubenden und akzentuiert die Autonomie der Einzelgemeinde. Er ist gefährdet u. a. durch die enthusiastische Überschätzung des Geistbesitzes (vgl. die Auseinandersetzungen des Paulus im 1. Korintherbrief), durch pseudoprophetisches Machtbewusstsein, durch eine Frömmigkeit, die am Sichtbaren orientiert ist und die Gebrochenheit christlichen Lebens unterschätzt.

Kulturelle Kontexte bestimmen die jeweiligen Ausprägungen von Glaube und Kirche immer mit. Gerade der „pfingstliche" Kirchentyp ist in unterschiedlichen Kontexten einheimisch geworden und gibt darin seine interkulturellen Wurzeln zu erkennen, auf die Walter J. Hollenweger immer wieder hingewiesen hat. Die Gestaltwerdung von Glaube und Kirche geht dabei Hand in Hand mit dem, was im Anschluss an die

---

[5] AaO., S. 143 f.

Studie „Religiosität, Religionen und Christlicher Glaube" als Konfessionalisierung und Indigenisierung bzw. Inkulturation bezeichnet werden kann.[6] Die Vielfalt von Glaubens- und Kirchenformen zeigt einerseits den Reichtum der Gnade Gottes an. Sie ist andererseits aber auch ein Zeichen der „Zerreißung des einen Leibes Christi".[7] In den konfessionellen Ausformungen ereignet sich nicht nur die Konkretion des christlichen Zeugnisses, sondern auch seine Verdunkelung. Alle konfessionellen Traditionen berufen sich dabei auf die Heilige Schrift und die Kirche des Anfangs. Sie sehen diesen Anfang freilich perspektivisch, im Zusammenhang mit ihrem eigenen kirchlichen und kulturellen Kontext.

II. Zur Verbreitung

Die pfingstkirchlichen Bewegungen haben sich seit ihrer Entstehung am Anfang des 20. Jahrhunderts in Nordamerika zu einem wichtigen Zweig der Weltchristenheit entwickelt. Während sie noch vor wenigen Jahrzehnten als Randerscheinung und Fußnote der Christentumsgeschichte angesehen werden konnten – kaum erwähnenswert in Konfessionskunden und Darstellungen der neueren Kirchengeschichte –, zeigt sich inzwischen immer deutlicher, dass ihre Ausbreitung die Zusammensetzung der Weltchristenheit verändert hat. Nur eine die Wirklichkeit verzerrt wahrnehmende Sicht erkennt in ihnen nichts anderes als protestantische Sektierer, obgleich kritische Auseinandersetzungen mit Einseitigkeiten pfingstlicher Frömmigkeit und Theologie fraglos geboten sind. Rückblickend auf das 20. Jahrhundert wird man wohl konstatieren müssen, dass die Entstehung der Pfingstbewegung für die Christentumsgeschichte ein ähnlich folgenreiches Ereignis war wie die der ökumenischen Bewegung. Ob und wie beide Bewegungen in ein sinnvolles und fruchtbares Verhältnis zueinander treten können, ist eine weithin noch offene Frage und Zukunftsaufgabe, obgleich einzelne Pfingstkirchen seit 1961

---

[6] VELKD/AKf 1991, 108-117.
[7] AaO., 113.

Mitglieder des Ökumenischen Rates der Kirchen (ÖRK) geworden sind und David J. du Plessis als „Mr. Pentecost" die Anliegen der Bewegung in den ÖRK und die katholische Kirche getragen hat.

Was für das gegenwärtige Christentum generell gilt, trifft auf die pfingstkirchlichen Bewegungen in besonderem Maße zu: Ihr Schwerpunkt liegt in der sog. Zwei-Drittel-Welt. Die meisten ihrer Anhängerinnen und Anhänger sind Menschen, deren Lebensperspektiven durch Armut, Hunger und Analphabetismus drastisch eingeschränkt sind. Für viele, die sich den pentekostalen Bewegungen anschließen, ist dies auch mit der Hoffnung auf ein menschenwürdigeres Leben verbunden. Der ethische Rigorismus vieler Pfingstler, der aus der Perspektive europäischer Christentumskultur als gesetzlich und fundamentalistisch erscheint, wird anderswo als Antwort auf Alkohol- und Drogenprobleme und Chance zu sozialem Aufstieg genutzt.

In den vielfältigen Ausformungen pentekostaler Bewegungen zeigt sich ihre Herkunft aus der Heiligungs- und Erweckungsfrömmigkeit der zweiten Hälfte des 19. Jahrhunderts, für die u. a. ein starker missionarischer Antrieb (Großstadt- und Massenevangelisation), die Bildung eines erwecklichen Laienchristentums und die Betonung der Hoheit und Unabhängigkeit der Einzelgemeinde (Kongregationalismus und Independentismus) verbunden mit dem Ideal der Glaubenstaufe charakteristisch waren. Für die Entwicklung des spezifisch pfingstlichen Profils kam noch die Offenheit dafür hinzu, dass sich göttliche Kraft in besonderen enthusiastischen und ekstatischen Erfahrungen manifestiert, die als „übernatürlich" und wunderbar angesehen wurden. 1901 wurde die Glossolalie als Erkennungszeichen (initial physical sign) der ersehnten Taufe im Heiligen Geist erlebt. 1906 entwickelten sich die Heiligungsversammlungen des schwarzen Predigers William J. Seymour zum Ausgangspunkt einer überaus wirkungsvollen weltweiten Verbreitung pfingstlerischer Frömmigkeit in bald eigenständigen Gemeinden, Gemeindeverbänden, missionarischen Unternehmungen, Glaubenswerken und Bibelschulen. Soziologisch gesehen waren es eher die unteren Schichten und einfachen Leute, die in den ersten Versammlungen erreicht wurden. Sie suchten eine tiefere Begegnung mit dem auferstandenen Christus, wollten die Gegenwart des

Heiligen Geistes in den Charismen (vor allem Heilung, Glossolalie, Prophetie; vgl. 1. Kor 12) erleben und dadurch bevollmächtigt werden zum missionarischen Zeugnis. Dabei erfuhren sie auch, dass „durch das Blut Jesu die Rassentrennung aufgehoben" wurde. Die Erweckungsversammlungen der Azusa Street sind bis heute Vorbild für pentekostale und charismatische Versammlungen geblieben.

Die rasante Ausbreitung pfingstlich-charismatischer Bewegungen macht sie zu einer Art christlicher Trendreligion. Man muss freilich über Europa hinausblicken, um dies mit entsprechender Deutlichkeit zu erkennen. Am meisten wachsen sie dort, wo der Kontakt mit Menschen gelingt, die auf der Schattenseite des Lebens stehen. Gleichwohl tragen die pfingstlichen Bewegungen auch im europäischen Kontext mit dazu bei, die historischen Monopole des katholischen Südens und des protestantischen Nordens zu beenden. Nach einem Wort Donald Daytons, der seine Forschungen insbesondere auf die Frage der Wurzeln der Pfingstbewegung konzentriert hat, steht ihre Wiege in den Vereinigten Staaten Nordamerikas, ihre Bestimmung hat sie jedoch erst in Südamerika gefunden. Das Wachstum der Pfingstbewegung führt in dieser Region zu einem nicht zu übersehenden Wandel der christlich-religiösen Landschaft. Die Pentekostalisierung und Protestantisierung des ehemals fast ausschließlich katholisch geprägten Kontinents ist dabei eng verflochten mit gesellschaftlichen Modernisierungs- und Pluralisierungsprozessen. Schon die Komplexität der religiösen und gesellschaftlichen Wandlungsprozesse und die Vielgestaltigkeit pentekostaler und evangelikaler Bewegungen sprechen dagegen, diese einlinig als Beispiel für religiös-kulturellen Kolonialismus zu interpretieren. Solche Sichtweisen mögen im Blick auf Einzelphänomene durchaus Plausibilität besitzen, können aber die Resonanz, die die Pfingstbewegung beim einfachen Volk gefunden hat, nicht erklären.

Mit einem gewissen Recht kann die pentekostal-charismatische Bewegung als „größte Frömmigkeitsbewegung ... in der Geschichte"[8] bezeichnet werden. Zum Beleg einer solchen

[8] Welker 1992, 23.

Einschätzung darf man zwischen Charismatikern und Pfingstlern allerdings keine scharfen Trennlinien ziehen und muss von einer relativen Einheitlichkeit des Phänomens ausgehen, was keineswegs unumstritten ist. Das Bewusstsein, Teil einer weltweiten und in rasanten Wachstumsprozessen befindlichen Bewegung zu sein, ist jedoch für alle Pfingstler und Charismatiker – ob in Südamerika oder in Westeuropa – fundamental. Sie verstehen die dramatische Ausbreitung ihrer Glaubenspraxis als sichtbares Zeichen göttlichen Segens. Geistestaufe und Geisterfüllung werden dabei nicht allein als persönliche Pfingsterfahrung und Bevollmächtigung zum christlichen Zeugnis verstanden, sondern auch als eine Strategie göttlichen Handelns in endzeitlicher Erweckungsperspektive.

Die Statistiken David B. Barretts stellen den Siegeszug pentekostaler Frömmigkeit alljährlich eindrucksvoll vor Augen. Allerdings sind seine Zahlen eher Schätzungen und mit Vorsicht zu genießen. Erfolgsgeschichten stellen keinen Beweis für christliche Authentizität dar. 1990 ging Barrett von einer Weltbevölkerung von 5,3 Milliarden aus, davon zählte er 33,2 % Christen (1,6 Milliarden), davon wiederum 372 Millionen Pentecostals/Charismatics. In den Statistiken nach 2000 ging er von über 500 Millionen „pentecostals and charismatics" aus. Was meist verschwiegen wird, wenn Barretts Zahlen herangezogen werden, sind seine Hinweise auf die zahlreichen „Postcharismatiker", also Christinnen und Christen, für die die Mitgliedschaft in einer Pfingstgemeinschaft von vorübergehender Dauer war.

Im Blick auf Deutschland kann ein zahlenstatistischer Vergleich nur sehr bescheiden ausfallen. Die Gesamtzahl der einer Pfingstgemeinschaft zugehörigen Christen ist in den letzten Jahrzehnten relativ konstant geblieben. Wer zu höheren Zahlen kommen will, darf zwischen Charismatikern und Pfingstlern nicht differenzieren. Jedenfalls kann von einer pfingstlich-charismatischen Erweckung größeren Ausmaßes in Deutschland (ebensowenig in Westeuropa) keine Rede sein, obgleich sie vielfach – von einigen fast routinemäßig – mit prophetischem Anspruch angekündigt und vereinzelt auch schon ausgerufen wurde. Gleichzeitig muss konstatiert werden: Die Gesamtzahl von Charismatikern und Pfingstlern ist auch in Deutschland in den letzten Jahren kontinuierlich größer geworden.

Durch die charismatische Erneuerung (Anfang der 60er Jahre beginnend) fand die pfingstliche Frömmigkeit auch Eingang in die Traditions- und Freikirchen. Die Ausbreitung der Pfingstfrömmigkeit geschieht jedoch gegenwärtig auch in Deutschland weniger durch charismatische Erneuerungsgruppen oder traditionelle Pfingstgemeinden, von denen viele mehr als zwei Generationen alt sind und teilweise an Dynamik eingebüßt haben, sondern eher durch freie, nicht konfessionsgebundene Gemeinden, charismatische Zentren und „überkonfessionelle" Initiativen, die in der Anfangsphase ihrer Entwicklung Wert auf eine Selbstunterscheidung gegenüber der traditionellen Pfingstbewegung legen. Nicht selten sind sie für etablierte Pfingstgemeinschaften zu einer starken Konkurrenz geworden, auch wenn sie in Lehre und Frömmigkeitspraxis diesen sehr nahe stehen und sich ihnen im Laufe weiterer Konsolidierung anschließen können.

Seit den 70er Jahren ist die Zahl ausländischer christlicher Gemeinden mit pentekostalem Frömmigkeitsprofil sowohl aus dem europäischen Ausland wie auch aus asiatischen und afrikanischen Ländern vor allem in den größeren Städten Deutschlands kontinuierlich gewachsen.

III. Zum Profil pfingstkirchlicher Bewegungen

Pfingstkirchliche Bewegungen stellen keinen neuen religiösen Entwurf dar, wie zahlreiche Weltanschauungs- und Sondergemeinschaften oder Neuoffenbarungsgruppen. In ihren theologischen und frömmigkeitsmäßigen Orientierungen unterscheiden sich Pfingstler nicht wesentlich von evangelikal und biblizistisch geprägten Christen. Die Pfingstbewegung ist in ihren vielfältigen Ausformungen vor allem als gesteigerte Erweckungsfrömmigkeit zu begreifen. Da sich die Steigerungen auch auf ekstatische und visionäre Ergriffenheitserfahrungen konzentrieren, die als außergewöhnlich und wunderbar erlebt werden, ergibt sich jedoch eine auffallende Parallelität zu anderen neuen religiösen Bewegungen, insbesondere zu solchen, in denen das ekstatische Erlebnis als religiöses „Urphänomen" (M. Eliade) verbunden mit außergewöhnlichen Bewusstseinszuständen revitalisiert wird.

Aufgrund des nicht zu vermeidenden Vorgangs der Ritualisierung des ekstatischen Erlebens ist dieses in den meisten Pfingstgemeinschaften jedoch deutlich zurückgetreten. Nicht wenige Pfingstler sind heute deshalb der Meinung, dass die von ihnen praktizierte Glossolalie mit religiöser Ekstase nichts zu tun habe. Durch Phänomene wie den „Toronto-Segen" und die „Erweckung in Pensacola/Florida" werden sie an ihre eigenen ekstatischen Anfänge in der Azusa-Street-Erweckung erinnert, wobei sich die religiöse Ekstase schon damals vielfältig artikulieren konnte und keineswegs auf die Glossolalie beschränkt war.

Bekehrung – Geistestaufe – Glossolalie

Nach einem gängigen Wort des Norwegers Thomas B. Barratt sind Pfingstler in ihrem Verständnis der Erlösung Lutheraner, in ihrem Taufverständnis Baptisten, in ihrem Heiligungsverständnis Methodisten, in ihrer aggressiven Evangelisationspraxis Heilsarmisten, in ihrem Verständnis der Geistestaufe jedoch Pfingstler. Das Selbstverständnis pfingstlerischer Frömmigkeit hat seinen Kristallisationspunkt zweifellos in Erfahrung und Verständnis der Geistestaufe, die eng mit der Glossolalie verbunden wird. Der Eintritt in die Pfingstbewegung erfolgt durch die pentekostale Initiationserfahrung der Geistestaufe, die die pietistisch-erweckliche Wiedergeburtserfahrung voraussetzt und ergänzt. Alle Berichte, die die individuelle pentekostale Erfahrung umschreiben, sprechen von einem Durchströmtwerden des Körpers mit göttlicher Kraft, einem Ergriffenwerden, das sichtbar und überraschend in das christliche Leben eingreift und es verändert. Für den Pfingstler bedeutet die Geistestaufe vor allem die Ausstattung mit Kraft, die dem Bekehrten und Glaubenden in einem zweiten Schritt göttlicher Zuwendung (second blessing) zuteil wird.

Verständnis und Praxis der Geistestaufe ist ein verbindender Topos und wichtiges Charakteristikum der pfingstkirchlichen Bewegungen, soziologisch betrachtet ist es ein gruppenspezifisches Merkmal zur Selbstkennzeichnung. Von der Mehrheit der Pfingstler wird die Geistestaufe als erstrebenswertes „Ziel" jedes christlichen Lebens angesehen. Die eigene „Pfingsterfahrung" schafft dabei die unmittelbare Anknüpfung an biblische Zeiten. Für die Wahrnehmung anders geprägter Frömmigkeit folgt daraus: In dem Maße, in dem die Glossolalie als äußeres und wahrnehmbares Zeichen eines geisterfüllten Lebens betont wird, im selben Maße ist man genötigt, ein christliches Leben ohne diese Erfahrung als defizitär anzusehen. Die Umkehrung gilt freilich auch: Werden Geistestaufe und Glossolalie als Ausprägung des Glaubens und nicht als Weg zu einem Christsein der Extraklasse begriffen, eröffnet sich die Möglichkeit einer über die eigene Frömmigkeitsform hinausgehenden Gemeinschaft.

Heilung und Erlösung

Im Glaubensbekenntnis und in der Glaubenspraxis der Pfingstbewegung hat neben der Geistestaufe das Gebet um Heilung zentrale Bedeutung. Die frühe Pfingstbewegung stellte Geistestaufe, Glossolalie und Heilung in einen engen Zusammenhang und betonte, dass die göttliche Heilung ein Teil der Erlösung sei. In den Glaubensrichtlinien der frühen Pfingstbewegung wird diese Auffassung als Lehraussage ohne relativierende Einschränkung festgehalten. Die theologische Begründung dafür findet man im Auftrag Jesu an seine Jünger zum Verkündigen und Heilen wie auch in dem Charisma der Heilung (1. Kor 12,8). Innerhalb der pentekostalen Bewegung konnte die genauere Verknüpfung zwischen Heilung und Erlösung bzw. Heilung und Sühnetod Christi unterschiedlich bestimmt werden. Einzelne Pfingstler legen durchaus Wert darauf, beides nicht einfach zu identifizieren. Gleichwohl ist die Behauptung der engen Verbindung zwischen Heilung und Heil (bzw. Erlösung) in nahezu alle pentekostalen „Bekenntnisse" eingegangen und hat hier bis heute diesen Stellenwert behalten. Zu einem isolierten Thema wird der Zusammenhang von Heil und Heilung insbesondere in den zum weiteren Umfeld der Pfingstbewegung gehörenden Heilungsbewegungen, die bis heute mit ihrem grenzenlosen Heilungsoptimismus kranken und behinderten Menschen falsche Hoffnungen machen und zahlreiche Konflikte hervorrufen.

Gemeinde- und Kirchenverständnis

Das Kirchenverständnis der Pfingstbewegung nimmt seinen Ausgangspunkt bei der individuellen und gemeinschaftlichen pfingstlichen Erfahrung, die sich mit sehr unterschiedlichen Organisationsstrukturen verbinden kann. Je älter Pfingstgemeinschaften werden, desto mehr gleichen sie sich anderen Kirchen an und werden von der anfänglich nur schwach ausgeprägten institutionellen Dimension gleichsam eingeholt. Es gehört zum Selbstverständnis der meisten pfingstlichen Gemeinschaften, überall „neutestamentliche Gemeinden, (d. h. freikirchlich, täuferisch, pfingstlich-charismatische Gemeinden) zu bauen" (Reinhold Ulonska). Entsprechend kann in der Entstehung charismatischer Kreise noch nicht die Verwirklichung biblischen Gemeindeaufbaus gesehen werden. Um „Ekklesia im biblischen Sinn" zu bauen, sehen Pfingstler keinen anderen Weg als den jenseits großkirchlicher Strukturen, zu denen sie – u. a. aufgrund ihrer Herkunft aus dem nordamerikanischen Erweckungschristentum – keinen inneren Bezug haben.

Die Akzentuierung der Autonomie der Ortsgemeinde und die Suche nach einem (frei)kirchlichen Profil stehen freilich in Spannung zueinander. Ersteres hat zur Folge, dass Einzelgemeinden sich nur sehr locker im Zusammenhang der größeren Kirchengemeinschaft verstehen. Je deutlicher eine Profilierung als Freikirche versucht wird und unterschiedliche Gemeindeidentitäten in verbindlichere Kommunikationsformen eingebunden werden sollen, desto mehr bietet man Anlass zum Ausbruch aus solchen Strukturen, da diese zweifellos die pentekostale Erfahrung zähmen und ihre Dynamik begrenzen. Segregation ist offensichtlich ein fundamentales Prinzip der Ausbreitung der Pfingstbewegung. Wie keine andere Erweckungsbewegung trägt sie dadurch zur Zersplitterung und Fragmentierung der protestantischen Christenheit bei, was u. a. in der hervorgehobenen Erfahrungs- und Erlebnisorientierung begründet liegt, aber auch in der von ihr praktizierten Gemeindegründungsprogrammatik und ihrem Verzicht auf die Ausbildung stabilerer Institutionen. Solche Strukturen machen es anderen christlichen Kirchen nicht gerade leicht, zu pfingstkirchlichen Bewegungen in ein angemessenes Verhältnis zu treten. In ökumenischer Hinsicht lassen sie die Proselytismusfrage relevant werden.

IV. Attraktiv und ambivalent

Die Ausbreitung der pentekostalen Bewegung resultiert u. a. aus ihrer Kommunikationsfähigkeit in unterschiedlichen kulturellen Kontexten. In der westlichen Welt ist ihre Attraktivität u. a. in ihrem Protestcharakter und ihrer Verbindung mit der religiösen Alternativkultur begründet. Anders ist dies in Afrika und Lateinamerika, wo sie an Elemente der einheimischen Kultur anknüpfen, diese positiv aufgreifen, christlich interpretieren und umformen kann. Hier hat die Pfingstbewegung offensichtlich eine nicht zu unterschätzende soziale Bedeutung: Stärkung des Selbstvertrauens, Erschließung der eigenen Emotionalität, Interesse an Bildung und sozialer Neugestaltung. Ihr Glaubensverständnis ist konservativ und antimodernistisch geprägt, zugleich profitiert sie von der gesellschaftlichen Pluralisierung und beschleunigt auf ihre Weise Modernisierungsprozesse, z. B. durch die Nutzung der Medien.

In welcher Weise pfingstlerische Bewegungen auf den kulturellen Kontext der westlichen Welt eingehen, wird im Folgenden aufzählend verdeutlicht:

Mit dem Anliegen der Geistestaufe geht die Pfingstbewegung auf das die Moderne bestimmende Bedürfnis nach Sichtbarkeit und Greifbarkeit der religiösen Erfahrung ein. Sie ist darin gewissermaßen „moderner" als ein rationalistisch gefärbter Wort-Fundamentalismus, der den Beweis des Glaubens allein rückwärtsgewandt durch ein Verständnis der Unfehlbarkeit und Irrtumslosigkeit der Heiligen Schrift zu erreichen versucht. Sie ist mit diesem in vielfacher Hinsicht verbunden, vertritt in zahlreichen ihrer Ausprägungen dessen dogmatische Positionen und verhält sich zu ihm insofern inklusiv. Sie bietet dem modernen Menschen jedoch nicht nur ein vermeintlich gesichertes und keiner Anfechtung ausgesetztes Wissen, sondern außerdem (!) ein konkretes Erlebnis- und Erfahrungsangebot an. Sie kann als Reaktion auf den Säkularismus und seine kulturellen, kirchlichen und theologischen Folgen interpretiert werden. Die Betonung der Glossolalie in der Pfingstbewegung – später in der charismatischen Bewegung – ist auch Protestphänomen gegen ihre weitgehende kirchliche Ausklammerung und profitiert von den Defiziten der modernen Zivilisation und den theologischen Arrangements und Kompromissen mit ihnen.

Mit ihrer Frömmigkeit antworten pfingstkirchliche Bewegungen auf die Vergewisserungssehnsucht der Menschen in einem durch religiöse und weltanschauliche Vielfalt geprägten Lebenskontext. Die einfache Antwort, die sie dem verunsicherten Zeitgenossen und Christen geben, lautet: „Du musst nicht die Vielfalt der Möglichkeiten ausprobieren oder intellektuelle Anstrengungen zur religiösen Identitätsfindung unternehmen. Du kannst Gottes Kraft konkret erfahren, indem du Jesus bzw. den Heiligen Geist anrufst und sichtbare und greifbare Zeichen des Berührtwerdens durch ihn erfährst (Glossolalie/Zungenrede/Sprachengebet, Heilungen, Visionen und prophetische Eindrücke ...).“ Die Vergewisserung wird in sichtbaren Geistmanifestationen gesucht und gefunden, die als unzweideutige Zeichen der göttlichen Gegenwart angesehen werden. Sie sprechen dabei die emotionale Seite des Menschen an und bieten ihm stützende Gemeinschaftserfahrungen an. Sie drängen auf eine persönliche, unmittelbare Glaubenserfahrung in bewusster Abkehr von institutionell und rituell vorgegebenen Glaubensformen. Das Ausleben der Glaubensemotion soll kein Tabu sein, sondern in Anwesenheit anderer seinen Ausdruck finden. Skepsis gegenüber einem bloßen Kopfchristentum und einem kirchlichen Gewohnheitschristentum verbindet sich mit der Offenheit und dem Hunger nach erlebbarer Transzendenz.

Pfingstler geben der Dimension des Wunders bzw. des Wunderbaren einen zentralen Platz in ihrer Glaubenspraxis. Sie protestieren gegen ein Wirklichkeits- und Glaubensverständnis, das auf Modernitätsverträglichkeit bedacht, geheimnisleer geworden ist. Die Erfahrungsarmut des Alltags in säkularen Industriegesellschaften und der weitgehende Ausfall einer gelebten christlichen Spiritualität verschaffen diesem Anliegen entsprechende Resonanz. Daraus erklärt sich, wenn überstrapazierte Akademiker, Ingenieure und von den Zwängen der Leistungsgesellschaft bestimmte Geschäftsleute das Beten in nicht-rationaler Sprache (Glossolalie) für sich entdecken und ihr einseitiges, auf Berechenbarkeit konzentriertes Wirklichkeitsverständnis korrigieren; oder wenn angesichts der Grenzen der modernen Medizin der Kampf gegen Krankheiten durch das Heilungsgebet beherrschend in den Vordergrund tritt und sich mit der Erwartung verbindet, dass der wirklich Glaubende das Wunder auch empfängt.

Die Pfingstfrömmigkeit konzentriert sich neben ihren evangelikalen Anliegen (Bekehrung/Wiedergeburt, Gemeinschaft, Mission) auf Erfahrungen und Phänomene (Heilungen, Visionen, ekstatische Bewusstseinszustände), die nicht einer einzelnen spezifischen Religion angehören, sondern religionsüberschreitenden Charakter haben und ein wesentliches Moment und Motiv für die globale Kommunikationsfähigkeit pentekostaler Bewegungen sein dürften. Zugleich integriert die Pfingstfrömmigkeit Elemente von Volksreligiosität in die eigene Glaubens- und Frömmigkeitspraxis.

Im Eingehen der pfingstlich-charismatischen Frömmigkeit auf gegenwärtige Zeitströmungen und anthropologische Bedürfnisse liegt ihre Stärke, aber auch ihre Schwäche. Ihre Wirkungen sind nicht selten ambivalent: aufbauend und zerrüttend, verbindend und ausgrenzend, helfend zum Glauben an Christus und Flucht in eine heile Welt und ein gesetzlich verstandenes christliches Leben. Gefährdungen sind etwa ein überzogener Wunderglaube, der die Offenheit gegenüber dem göttlichen Willen verstellt oder die Suche bzw. Sucht nach außerordentlichen Geisterfahrungen, die blind macht für die Zweideutigkeit aller christlichen Erfahrung und Gebrochenheit der christlichen Existenz. Wenn die Ausgießung des Geistes, wie sie in der pfingstlich-charismatischen Frömmigkeit erlebt wird, selbst als Endzeitgeschehen im engeren Sinn begriffen wird, ist der Weg zu einem elitären Selbstverständnis vorprogrammiert, das wahrnehmungsunfähig ist für das Wirken des Heiligen Geistes in vielfältigen Ausdrucksformen. In dem Maße, in dem ein Bewusstsein beherrschend wird, die zentrale Erweckung der Endzeit zu sein, im gleichen Maße werden fundamentalistische Motive wirksam: Abgrenzung gegenüber anderen Christen, Unmittelbarkeitspathos, weltbildhafter Dualismus, Dämonisierung des Alltags, verbunden mit übertriebenen exorzistischen Praktiken, fragwürdige politische Allianzen. Hier können auch Steigerungen erfolgen, die pentekostal geprägte Einzelgruppen in Versektungsprozesse führen, obgleich grundsätzlich zwischen Erweckungschristentum in seinen zahlreichen Ausdrucksformen einerseits und christlichen Sondergemeinschaften und Sekten andererseits deutlich unterschieden werden sollte.

V. Pfingstbewegung und Ökumene

Enthusiastisch geprägte Frömmigkeitsformen haben immer schon zu möglichen Ausprägungen christlichen Glaubens und Lebens gehört, weshalb das christliche Zeugnis, das von ihnen ausgeht, Anerkennung finden sollte. Es ist falsch und unangemessen, die Pfingstgemeinschaften pauschal in ein sektiererisches Abseits zu stellen, wie dies heute immer noch geschieht. Da sie ihre zentralen Lehren streng biblizistisch entfalten und keine Lehrbesonderheiten in einem häretischen Sinn aufweisen, gibt es gute Gründe, sie primär als Freikirchen zu verstehen und sie – jedenfalls im europäischen und nordamerikanischen Kontext – in das weitere Spektrum einer konservativ-evangelikal geprägten Frömmigkeit einzuordnen. Sie selbst verstehen sich im weiteren Kontext der reformatorischen Entscheidungen zur Rechtfertigung allein aus Gnade, zur Rezeption der trinitarischen Glaubensbekenntnisse und zum Priestertum aller Gläubigen. In ekklesiologischen und sakramententheologischen Fragen stehen sie freilich auf Seiten des linken Flügels der Reformation.

Die Stellung der pfingstkirchlichen Bewegungen gegenüber der Ökumene ist jedoch distanziert, skeptisch, nicht selten streng ablehnend. Ihr eigenes Kirchenbewusstsein lässt kaum zu, in volkskirchlichen Strukturen einen Ort zu sehen, wo christlicher Glaube lebendig und authentisch gelebt werden kann. Viele Pfingstler leugnen nicht, dass es in den Großkirchen „wahre Christen" gibt und erheben für sich selbst nicht den Anspruch, die einzig wahre Konkretion der Kirche Christi zu sein. Dennoch führt das Selbstverständnis zahlreicher Pfingstgemeinden als „biblische und neutestamentliche Gemeinde bzw. als Entrückungs- und Heiligungsgemeinde" dazu, sich abzusondern. Es sind vor allem endzeitlich-apokalyptische Perspektiven, auf deren Hintergrund die antikatholischen und antiökumenischen Tendenzen von Teilen der Pfingstbewegung zu sehen sind und die ihr einen Zugang zur Ökumene schwer machen.

Jedoch darf eine solche Sicht nicht generalisiert werden. Beispiele für eine konstruktive Mitarbeit einzelner Pfingstgemeinschaften in der lokalen und überregionalen Ökumene gibt es inzwischen viele. Die Konfliktfelder zwischen etablierten Kirchen und Pfingstgemeinschaften sind jedoch auch zahlreich. Die Kontroversen und Differenzen beziehen sich vor allem auf Fragen des Kirchen- und Taufverständnisses, sie berühren zugleich die Verhältnisbestimmungen zwischen Rechtfertigung und Heiligung, Schrift und Prophetie, Wort und Geist, Heiligem Geist und Erfahrung. Da es in den letzten Jahren zunehmend auch in der Pfingstbewegung selbst respektable Versuche gibt, die pfingstliche Erfahrung in umfassenderen theologischen Zusammenhängen zu reflektieren, wird man hier durchaus auf interessierte und ernst zu nehmende Gesprächspartner treffen können.

Gegenwärtig zeichnet sich in Deutschland mit einiger Verspätung gegenüber den Entwicklungen in der englischsprachigen Welt eine stärkere Einbeziehung der Pfingstler in eine evangelikal geprägte „missionarisch-evangelistische Ökumene" ab. Innerhalb der Pfingstbewegung kommt es gleichzeitig zu einem stärkeren Zusammenrücken, das auch von Seiten anderer Kirchen begrüßt und positiv bewertet werden kann. Die größere Offenheit der evangelikalen Bewegung gegenüber der Pfingstbewegung artikulierte sich 1996 in einem gemeinsamen Text, der von zahlreichen Pfingstlern und Charismatikern als Aufhebung einer jahrzehntelangen Trennung und als „Jahrhundertereignis" gewertet wurde.[9]

Die Einordnung der Pfingstgemeinschaften in das freikirchliche Spektrum erfordert ihre Bereitschaft zur Selbstrelativierung und die Notwendigkeit der Selbstunterscheidung von Extremgruppen und Sonderlehren, die das Pfingstlertum von Anfang an begleiten und sich heute etwa in denjenigen Gruppen zeigen, die den pfingstlich-charismatischen Impuls mit der Kraft des positiven Denkens (Positive Thinking) verbinden und eine problematische Verknüpfung zwischen Evangelium, Gesundheit und Erfolg vertreten. Eine weitergehende ökumenische Gemeinschaft zwischen pfingstkirchlichen Bewegungen und organisierter Ökumene ist in dem Maße sinnvoll und möglich, in dem von einem bestehenden fundamentalen Konsens ausgehend, Differenzen relativiert werden können, Lernbereitschaft vorhanden ist und Anerkennung gesucht und gewährt wird. Zur Geschichte des Pfingstlertums

---

[9] DEA/BFP 1996.

gehören fraglos sehr drastische Feindbilder im Blick auf die bestehenden Großkirchen, denen auf der anderen Seite die Wahrnehmung der Pfingstler als Sektierer und Schwärmer entsprach, und den damit verbundenen Ausgrenzungen. Niemand sollte Interesse haben, bei solchen Klassifizierungen stehen zu bleiben, wenn denn Gottes Geist die Augen für die Nähe Gottes nicht nur den eigenen Reihen, sondern auch den anderen öffnet. Wenn charismatischen Erneuerungsgruppen in den historischen Kirchen Raum gegeben wird, können pentekostale Frömmigkeitsformen nicht von vornherein als illegitim und sektiererisch abgetan werden.

Sosehr es richtig ist, den enthusiastischen Typ der Frömmigkeit in den Dialog der sich ökumenisch begegnenden Fömmigkeitsformen und konfessionellen Orientierungen mit einzubeziehen, sosehr haben anders geprägte Christen die doppelte Aufgabe, von ihm zu lernen, ihn aber auch auf Einseitigkeiten etwa in dem bibeltheologisch nicht zu begründenden Konzept der Geistestaufe hinzuweisen, wobei es nicht primär um diesen Begriff, sondern seine inhaltliche Ausrichtung geht. Dies sollte in einer Form geschehen, die die gemeinsamen christlichen Orientierungen nicht außer acht lässt und sensibel ist für das schwierige Erbe der Geschichte der Pfingstbewegungen in Deutschland. Pfingstlerischer Biblizismus hat nicht verhindert, dass die von Pfingstlern akzeptierte normative Funktion der Schrift eingeschränkt wurde. Die eigene Frömmigkeitsprägung wurde so sehr mit dem urchristlichen Idealbild in eins gesetzt, dass die biblische Relativierung der Glossolalie nicht mehr ins Auge fiel und die Vielfalt des biblisch bezeugten Geistwirkens keine hinreichende Berücksichtigung fand. Freilich lesen nicht nur die Pfingstler die Bibel mit konfessionellen Brillen.

Die für pfingstkirchliche Bewegungen kennzeichnende theologische Konzeption der „Rückkehr ins Urchristentum" ist jedoch nicht geeignet, die konkreten Glaubenserfahrungen angemessen zu verarbeiten. Pentekostale Spiritualität, die sich in Berufung auf die Kirche des Anfangs und das gegenwärtige Geistwirken von der allgemein-christlichen Erfahrung absetzt und für sich etwas Besonderes beansprucht, steht in Gefahr, Illusionen zu pflegen. Die Unterschiede zwischen Pfingstlern und Glaubenden in anderen Kirchen und Freikirchen sind – was ihre Glaubenserfahrung in der unvollkommenen Welt angeht – weitaus geringer, als Pfingstler und wahrscheinlich auch ihre Geschwister in anderen Gemeinschaften und Kirchen anzunehmen und wahrzunehmen bereit sind.

Literatur

Baumert, Norbert; Bially, Gerhard, Hg. (1999): Pfingstler und Katholiken im Dialog, Düsseldorf

Dayton, Donald W. (1987): Theological Roots of Pentecostalism, Grand Rapids, Michigan

DEA/BFP (1996): Erklärung zu Grundlagen der Zusammenarbeit, in: MDEZW 9/1996

Erich Geldbach: Freikichen-Erbe, Gestalt und Wirkung, BenshH 70, Göttingen 2005², bes. 244-253 und 267-289.

Hempelmann, Reinhard (1998): Licht und Schatten des Erweckungschristentums. Ausprägungen und Herausforderungen pfingstlich-charismatischer Frömmigkeit, Stuttgart

Hollenweger, Walter J. (1969): Enthusiastisches Christentum, Wuppertal/Zürich

Ders. (1993): Verheißung und Verhängnis der Pfingstbewegung, in: EvTh 53 (1993), S. 284 ff.

Ders. (1997): Charismatisch-pfingstliches Christentum, Herkunft – Situation – Chancen, Göttingen

Hutten, Kurt (1970): Hintergründe und Bedeutung der modernen Zungenbewegung, in: Morton T. Kelsey, Zungenreden, Konstanz

Föller, Oskar (1998): Pietismus und Enthusiasmus – Streit unter Verwandten, Wuppertal

Krust, Christian H. (1958): 50 Jahre deutsche Pfingstbewegung Mülheimer Richtung, Nürnberg

Newbigin, Lesslie (1953): The Household of God, London 1953; in deutscher Übersetzung erschienen unter dem Titel „Von der Spaltung zur Einheit", Stuttgart 1956

Schmieder, Lucida (1982): Geisttaufe. Ein Beitrag zur neueren Glaubensgeschichte, PaThSt 13, München u. a.

VELKD/AKf (1991): Religionen, Religiosität und christlicher Glaube: eine Studie, hg. im Auftrag der VELKD und AKf, Gütersloh

Wallmann, Johannes (1985): Geisterfahrung und Kirche im frühen Pietismus, in: Charisma und Institution, hg. von Trutz Rendtorff, Gütersloh 1985, 132-144

Welker, Michael (1992): Gottes Geist. Theologie des Heiligen Geistes, Neukirchen-Vluyn

WCC, Hg. (1994): Consultation with Pentecostal Churches, (Lima, Peru, 14-19 November 1994), Geneva

Ders., Hg. (1996): Consultation with Pentecostals in the Americas (San José, 4-6 June 1996), Geneva

Jutta Koslowski

Pfingstkirchen, charismatische Bewegung und Ökumene

1. Die Beziehung zwischen (neo-)pfingstlicher und ökumenischer Bewegung

„Das zwanzigste Jahrhundert wird von den Kirchenge-schichtlern als das Jahrhundert bezeichnet werden, in dem zwei große Bewegungen des Heiligen Geistes in Erscheinung traten: die eine wird offiziell als ökumenische Bewegung be-zeichnet, die andere erkennt sich selber kaum als ökumenisch, nämlich die pfingstlich/charismatische Bewegung. Diese bei-den Bewegungen haben vieles gemeinsam, aber sie haben sel-ten erkannt, daß der Geist Gottes in beiden wirksam ist."[1] Mit diesem Zitat von Robeck soll der Blick auf die vielfältigen Be-züge zwischen (neo-)pfingstlicher und ökumenischer Bewe-gung gelenkt werden; einzelne Aspekte hierzu seien im Fol-genden näher beleuchtet.

Die Pfingstbewegung geht in ihren Ursprüngen auf ver-schiedene Wurzeln zurück. Walter Hollenweger, in Deutsch-land einer der wenigen Spezialisten auf dem Gebiet der wis-senschaftlichen Auseinandersetzung mit der Pfingstbewegung, unterscheidet in seinem Buch »Charismatisch-pfingstliches Christentum« eine »schwarze mündliche Wurzel«, eine »kriti-sche«, eine »katholische«, eine »evangelikale« und eine »öku-menische Wurzel«.[2] Auch wenn die evangelikale Wurzel heute in der Selbst- und Fremdwahrnehmung der Pfingstbewegung stark in den Vordergrund getreten ist, hat der ökumenische Impuls ursprünglich eine starke Rolle gespielt. „[From] the very beginning the Pentecostal movement thought of itself as an ecumenical revival movement within the churches. In the first years Pentecostalists had no intention of organizing them-selves into a new denomination."[3] Zu den Tag-und-Nacht-

---

[1] Cecil M. Robeck Jr., zit. nach Hollenweger 1997, 16.
[2] Hollenweger 1997, 14.
[3] Walter Hollenweger, Charismatic and Pentecostal Movements: a Chal-lenge to the Churches, zit. nach Sandidge 1987, 3.

Gottesdiensten in der Azusa Street-Mission in Los Angeles 1906–1909, mit denen die Pfingstbewegung ihren Anfang nahm, kamen Schwarze und Weiße, Juden und Christen aus allen Denominationen, um ihre Neugierde zu befriedigen und an der Geistausgießung teilzuhaben. Nicht nur der dortige Gründer William J. Seymour hatte eine zutiefst ökumenische Gesinnung, auch andernorts wirkte die Pfingstbewegung zunächst konfessionsübergreifend: Jonathan Paul (1853–1931), Initiator der deutschen Pfingstbewegung, blieb bis zu seinem Tod Kinder taufender lutherischer Pfarrer; Alexander A. Boddy (1854–1930) war der Vater der Pfingstbewegung in England und blieb lebenslang anglikanischer Priester; in Frankreich wirkte der reformierte Pfarrer Louis Dallière (1897–1976) für die Pfingstbewegung und suchte früh den Kontakt zu Katholiken, Orthodoxen und Juden.[4]

Freilich spaltete sich die Pfingstbewegung schon bald selber auf: Allein in den USA entstanden bis 1925 38 verschiedene pfingstliche Denominationen, zusätzlich zu den Tausenden von unabhängigen Kongregationen weltweit. „What began as an ‚ecumenical movement' ended in separation from the established churches, the establishment of separate Pentecostal groups and controversy among themselves."[5]

In religionssoziologischer Perspektive ist dieser Prozess charakteristisch und keineswegs allein auf die Pfingstbewegung beschränkt. Hollenweger sieht ihn als Ausdruck einer gesetzmäßigen Entwicklung der ökumenischen Dimension von Erneuerungsbewegungen, die sich in vier verschiedene Phasen unterteilen läßt:
– überkonfessionelle Erweckungsbewegung
– Zusammenschluss zu Ortsgemeinden
– Entwicklung zur internationalen konfessionellen Organisation
– Rückbesinnung auf die ökumenischen Wurzeln.[6]

---

[4] Vgl. Hollenweger 1996, 213.
[5] Sandidge 1987, 4.
[6] Vgl. Hollenweger 1997, 391.

Grundsätzlich hat eine Erweckungsbewegung nach Hollenweger vier Entwicklungsmöglichkeiten:
- eigene Gemeinden gründen
- bestehenden (Pfingst-)Gemeinden beitreten
- eine konservative Kraft innerhalb der eigenen Kirche werden
- doppelte Loyalität entwickeln: sowohl gegenüber der eigenen Konfession wie gegenüber der Ökumene.

Die erste Möglichkeit ist die einfachste, häufigste und ökumenisch abträglichste Lösung; die letzte dagegen ein schwieriger, selten beschrittener, aber für die Ökumene äußerst förder-
licher Weg.[7]

Der Weg des ökumenischen Engagements wurde von einigen pfingstlichen Persönlichkeiten beschritten, wie z. B. David
du Plessis, Cecil M. Robeck oder Vinson Synan – häufig gegen
den Widerstand von Seiten ihrer Kirchenleitung, die der ökumenischen Bewegung ablehnend oder zumindest reserviert gegenübersteht. Auch gibt es inzwischen zwölf z. T. größere
Pfingstkirchen, die Mitglied im Ökumenischen Rat der Kirchen (ÖRK) sind. Einige Pfingstkirchen sind Mitglieder der
Konferenz Europäischer Kirchen (KEK). In Lateinamerika engagieren sich viele Pfingstkirchen im Consejo Latinoameri-
cano de Iglesias und sind auf deren Konferenzen ein bedeu-
tender Faktor. Es gibt sogar Länder, in denen der ÖRK fast
ausschließlich von den Pfingstkirchen getragen wird, da es
dort sonst keine nennenswerten Mitgliedskirchen gibt. In den
USA arbeiten einige Pfingsttheologen bei der Kommission
„Faith and Order" mit.[8]

Die eigentliche ökumenische Bedeutung der Pfingstbewegung liegt jedoch nicht in ihrer Beteiligung am offiziellen Gespräch zwischen den Kirchen, sondern auf einem ganz anderen Gebiet. Ähnliches gilt auch für die Charismatische Bewegung, die sich seit den sechziger Jahren von den USA aus verbreitet hat und seitdem immer mehr an Bedeutung gewonnen
hat; wegen ihrer Verwandtschaft mit der Pfingstbewegung
wird sie auch als Neo-Pfingstliche Bewegung bezeichnet. In

---

[7] Vgl. aaO., 398.
[8] Vgl. Hollenweger 196, 213.

einer Studie des ÖRK wurde das ökumenische Potential dieser charismatischen Erneuerungsbewegung deutlich herausgestellt.[9] „The Charismatic Renewal has the potential to extend the contemporary ecumenical movement to communities within Christendom which have so far kept aloof from the development of ecumenism."[10]

Die charismatische Bewegung wird deshalb als „grassroots ecumenism" bzw. als »charismatic ecumenism« bezeichnet.[11] „The release of the Spirit has brought a great number of Christians nearer to Christ and thus nearer to each other. They have found a common vision and a common worship. A number of prayer groups are interdenominational. [...] No doubt we can speak about a grassroot ecumenism – an ecumenism of the heart. [...] The charismatic movement, with its emphasis on the experiential aspects of the life in Christ, has proven to be a vehicle by which the Holy Spirit can mould Christians together more deeply and quickly than by any other means. [...] The World Council of Churches has brought together Catholic and Protestant traditions, but it has not been a grassroots movement, nor does it have the potential of becoming one as long as it is based mainly on discussion. The charismatic movement, in the few years of its existence, has begun to bring together, in significant numbers, the Catholic stream, the mainline Protestant stream, the evangelical Protestant stream, and the Pentecostal stream. [...] It seems a matter of observation that without ongoing spiritual renewal further progress towards Christian unity will be minimal. Therefore, the question must be raised: what can the ecumenical movement learn from the charismatic movement? Characteristics of the latter must be examined: spontaneous; lay-oriented; dynamic; worship- and mission-oriented; trans-denominational."[12]

---

[9] Bittlinger 1981.

[10] Towards a Church Renewed and United in the Spirit. WCC consultative group paper, revised and abridged by W. J. Hollenweger, in: Bittlinger 1981, 21-28, hier: 21.

[11] Responses of the Churches. An anthology of the reactions to the letter of the General Secretary of the World Council of Churches concerning the Charismatic Renewal in the churches, compiled by Arnold Bittlinger and Peter Felber, in: Bittlinger 1981, 56 bzw. 57.

[12] AaO., S. 56 f.

Peter Hocken schreibt zum Thema „The ecumenical dimension of Charismatic Renewal": „Not only does Charismatic Renewal cross almost all church boundaries, it also brings people from divided churches into regular experiences of shared worship and prayer – something that had not previously been achieved on any scale, despite the important contribution of the Week of Prayer for Christian Unity."[13] Charismatiker können so miteinander die Einheit des Geistes erfahren, was eine noch wesentlich tiefere Bedeutung hat, als sich gegenseitig in den Kirchen zu besuchen oder interkonfessionelle Gottesdienste zu gestalten, die keiner der Teilnehmenden wirklich als etwas Eigenes erlebt. „The range of Christians being touched by this renewal is wider than the ecumenical movement itself. Not only is it found in the member churches of the World Council, but it includes those who see the ecumenical movement as the work of Satan."[14]

Auch zwischen Charismatikern aus den Großkirchen und Mitgliedern von Pfingstgemeinden findet Versöhnung statt. Prüfstein für die integrative Kraft der charismatischen Bewegung ist dabei die geistliche Erneuerung in der katholischen Kirche – vor allem in Lateinamerika, wo die Pfingstler regelrechte Verfolgungen durch die Katholiken erlebt haben, gilt es, ein tief verwurzeltes Misstrauen zu überwinden.

„Charismatic Renewal includes both fundamentalist readers of the Bible and those who are open to the findings of biblical criticism and the empirical sciences. It would be inaccurate to interpret this fact [...] as signs that the charismatic movement is not really one and is hopelessly divided within itself."[15] Die charismatische Bewegung erweist sich vielmehr als ein viele Länder, Konfessionen und Einstellungen umfassendes Wirken des Heiligen Geistes. „Because Charismatic Renewal is centered on God and on Jesus Christ and is only as a result a force for unity rather than being a movement conciously for unity, it has inevitably included many instances of people changing their church allegiance with or after baptism in the Spirit. This

---

[13] Peter Hocken, A Survey of the Worldwide Charismatic Movement, in: Bittlinger 1981, 132.
[14] AaO., 133.
[15] Ebd.

fact needs to be faced and is not simply an aberration on the part of the ecumenically ignorant and insensitive, but reflects the fact that the hungry will go where the food is to be found."[16]

Die charismatische Bewegung folgt Mustern, die sich auch schon in der ökumenischen Bewegung gezeigt haben. Hierzu gehört:
– die Betonung der Einheit im Geist gegenüber der sichtbaren Einheit
– die Wiederentdeckung der eigenen Traditionen
– ein informeller Anfang, der dann kirchlich aufgegriffen, anerkannt und beeinflusst wird.

Der trans-denominationelle Charakter der charismatischen Bewegung wird von allen ihren Vetretern anerkannt, jedoch verschieden interpretiert. Hocken unterschiedet hier drei verschiedene Ansätze:
– denominationeller Ansatz: Die Betonung liegt hier auf der Erneuerung innerhalb der eigenen Denomination, weshalb charismatische Gottesdienste in der Regel in der eigenen Kirche stattfinden;
– non-denominationeller Ansatz: Nach diesem Verständnis ruft sich Gott ein Volk aus und jenseits von allen Kirchen. Die Bekenntnisse, denen die Beteiligten vorher zugehörten, sind mindestens irrelevant, evtl. auch apostatisch. „Those who adopt this non-denominational understanding see the charismatic movement as God's ecumenical movement in contrast to what are seen as merely human efforts of reconciliation and unification in the ecumenical movement, particularly symbolized for them by the World Council of Churches."[17]
– inter-denominationeller (»ökumenischer«) Ansatz: Priorität hat hier die Erneuerung des Verhältnisses zwischen den Denominationen – die denominationsübergreifende charismatische Bewegung wird als Gottes Werkzeug der Stunde zur Verbesserung der innerkirchlichen Beziehungen gesehen. – Ähnlich wie in Hollenwegers Modell der vier Entwick-

---

[16] AaO., 134.
[17] AaO., 137.

lungsmöglichkeiten einer Erweckungsbewegung ist die ökumenische Variante zugleich die anspruchsvollste und am seltensten verwirklichte – ihre Vertreter haben für die ökumenische Bewegung jedoch äußerst fruchtbar gewirkt.[18]

Diese Ausschnitte zeigen, dass in die charismatische Erneuerung von manchen große Hoffnung gesetzt wurde, die ökumenische Bewegung an die Basis zu tragen und mit einer neuen inneren Dynamik zu erfüllen. Solche Erwartungen, schon vor über 15 Jahren geäußert, haben sich nur zum Teil erfüllt. Die charismatische Bewegung hat sich sowohl innerhalb der Großkirchen auseinanderentwickelt als auch die Tendenz zur Gründung eigener Gemeinden gezeigt. Insofern ist sie dabei, das erste Stadium im Hollenweger'schen Phasenmodell zu verlassen und dem historischen Beispiel der Pfingstbewegung zu folgen. Andererseits geht sie auch durchaus eigene Wege und wiederholt nicht einfach das Vergangene: Die charismatische Bewegung ist nach wie vor eine ökumenische Basisbewegung, welche erstmals seit der Reformation die Fronten zwischen Katholiken und Evangelischen überwand,[19] und es wäre eine voreilige Verallgemeinerung, das Scheitern dieser Entwicklung vorherzusagen. In jedem Fall gibt es einen inneren Zusammenhang zwischen der *ökumenischen* Bewegung, die mit dem Ziel der *Erneuerung* auftrat, und der charismatischen *Erneuerung*, welche die weltweite *Ökumene* erfasst hat!

2. Wegbereiter und Kritiker der Ökumene in der (Neo-)Pfingstbewegung

Trotz der vielfältigen Bezüge zwischen charismatischer und ökumenischer Bewegung muss man feststellen, dass die Beziehungen zwischen (Neo-) Pentekostalen und den etablierten Großkirchen von wechselseitigem Misstrauen und Distanz ge-

---

[18] Eine weitere Unterscheidung in ähnlichem Sinne führt Bittlinger ein, indem er von „konziliarer Ökumene" (Miteinander) im Gegensatz zu „additiver Ökumene" (Nebeneinander) spricht und erstere in der Struktur des neutestamentlichen Kanons selbst vorgebildet sieht. Vgl. Bittlinger 1978, 470.
[19] Vgl. Hollenweger 1997, 185.

prägt sind. Die allgemeine Entwicklung führte bei den Pfingstlern von einem anfänglichen ökumenischen Impuls hin zu einer immer stärkeren »evangelikalen Selbstentfremdung«, die mit der Tendenz zur Konfessionalisierung und Isolierung einherging. Erst in neuerer Zeit hat sich eine Elite von jüngeren Theologen herausgebildet, die sich dieser Tendenz bewusst werden und sie korrigieren wollen. Sie emanzipieren sich von einem fundamentalistischen Bibelverständnis, öffnen sich für die Erkenntnisse kritischer Theologie, erforschen neu ihre eigene Geschichte und suchen wieder nach ökumenischer Begegnung. So „ist heute eine Generation von Pfingstlern herangewachsen, die im wissenschaftlichen Diskurs sowie in der exegetisch-systematischen Glaubensentfaltung den Vergleich mit der Theologie der Traditionskirchen nicht zu scheuen braucht. Die Einrichtung von Universitäten und Seminaren, die Gründung von Zeitschriften und die Produktion theologischer Literatur bedeuten von Seiten der Pfingstbewegung nichts weniger als ein Angebot von Dialog und Kooperation in den Konfliktfeldern der einen christlichen Ökumene."[20] Wie in anderen Denominationen auch, werden solche Tendenzen in den Gemeinden an der Basis allerdings nur wenig zur Kenntnis genommen. Freilich bedeutet diese Entwicklung einen Anpassungsprozess von der »mündlichen Kultur« hin zur »schriftlichen Kultur«, der es der wissenschaftlichen Theologie zwar leichter macht, mit den Pfingstlern ins Gespräch zu kommen, der aber zugleich gerade diejenige pfingstliche Besonderheit schwächt, durch die das Gespräch bereichert werden könnte ...

Der bekannteste Wegbereiter der Ökumene innerhalb der Pfingstbewegung war wohl David du Plessis (1905–1987).[21] Er war Pastor der konservativen Apostolic Faith Mission und Generalsekretär der südafrikanischen Pfingstbewegung, als er durch eine Prophetie des berühmten Pfingstevangelisten Smith Wigglesworth seine ökumenische Berufung erhielt. Du Plessis fühlte sich dadurch wie vor den Kopf gestoßen, da er

---

[20] Moltmann/Koschel1996, 208.
[21] Vgl. hierzu die detaillierte, auf ansonsten unveröffentlichten Interviews und Dokumenten beruhende Darstellung bei Bittlinger 1978, 17-20 und 316 -331 sowie Hollenweger 1997, 387-391.

bis dahin an allen klassischen Vorurteilen der Pfingstler über die Großkirchen festgehalten hatte. Insbesondere die katholische Kirche hielt er für völlig erstarrt und vom Glauben abgefallen, so dass ihre Erneuerung für ihn ausgeschlossen war; im übrigen beschäftigte er sich mit diesem Thema nicht. Deshalb empfand er die ihm zugewiesene Aufgabe zunächst als Zumutung und wehrte sich dagegen, dann aber wurde ihm zunehmend klar, daß es nicht seine Aufgabe war, zu verurteilen, sondern zu vergeben. Seitdem hat er begonnen, auch zu anderen über das Thema Vergebung zu predigen und half Christen in aller Welt, Hass und Feindschaft untereinander zu überwinden.

Er siedelte in die USA über und amtierte als Generalsekretär bei mehreren Weltpfingstkonferenzen. Zwischen diesen Konferenzen versuchte er unermüdlich, die weltweiten Pfingstkirchen zusammenzubringen, freilich mit wenig Erfolg. Außerdem setzte er sich vielfach für ökumenische Beziehungen von Seiten der Pfingstler ein: So wurde er bei der Zweigstelle des kurz zuvor gegründeten ÖRK in New York vorstellig, davon unbeirrt, dass diese Organisation in evangelikalen und freikirchlichen Kreisen weithin einen Ruf als Werkzeug des Teufels, bestenfalls als ein hoffnungsloses menschengewirktes Unterfangen hat. 1954 nahm er an der Vollversammlung des ÖRK in Evanston teil und kam über seine Mitarbeit bei der Kommission für Glauben und Kirchenverfassung auch in Kontakt mit der katholischen Kirche. Nachdem er als offizieller Beobachter am Zweiten Vatikanischen Konzil teilgenommen hatte, wurde er zu einem Initiator für das Zustandekommen des offiziellen Dialoges zwischen Pfingstlern und Katholiken.

Da er zu einer Zeit wirkte, wo ein solches ökumenisches Engagement in pfingstlichen Kreisen auf kein Verständnis stieß, wurde er schließlich von den Assemblies of God, wo er inzwischen als Pastor diente, vom Dienst suspendiert. Ohnehin waren seine Aktivitäten vorwiegend der Eigeninitiative entsprungen und nicht durch Absprachen gedeckt; nunmehr wirkte er als inoffizieller Pfingstbotschafter für die Ökumene. Seine Kritiker warfen ihm deshalb vor, sich selbst zum Exponenten der Pfingstbewegung beim ÖRK gemacht zu haben und ohne jede Vollmacht im Namen der Pfingstbewegung zu sprechen. Erst als er gegen Ende seines Lebens mit kirchlichen und universitären Ehrentiteln überhäuft wurde, erklärten ihn die Assemblies of God wieder zu einem der ihren – allerdings ohne irgendwelche öffentliche Diskussion oder Entschuldigung.

Sein Lebenslauf zeigt zunächst den wohl bedeutendsten und zugleich umstrittensten Wegbereiter der Ökumene unter den Pfingstlern – einen Wegbereiter auf schwierigem Terrain. Darüber hinaus werden einige typische Momente deutlich, die sich bisweilen auch bei anderen pfingstlichen Persönlichkeiten bzw. Ökumenikern finden, so groß die Unterschiede sein mögen. Dazu zählt etwa die hohe Bewertung von geistlicher im Vergleich zu akademischer Autorität, das Handeln aus innerer Überzeugung heraus, wodurch eine äußere Beauftragung teilweise unwichtig wird, sowie die Bedeutung einer inneren Berufung zur Ökumene durch ein direktes Eingreifen Gottes, welche die ansonsten oft ablehnende Haltung wirksam und dauerhaft zu durchbrechen vermag. „David du Plessis will be remembered for his influence in the three greatest religious currents of this century – the Penentecostal movement, the charismatic renewal, and the ecumenical movement."[22]

Es kann aber nicht verschwiegen werden, dass mit der gleichen letzten Unbedingtheit, die nur aus dem Bewusstsein göttlicher Berufung heraus entstehen kann, Pfingstler ihre Stimme als erklärte Feinde der ökumenischen Bewegung erhoben haben. Auch hier soll exemplarisch und stellvertretend für andere nur eine Person in den Blick genommen werden: Es ist dies David Wilkerson, maßgeblicher Initiator der charismatischen Bewegung, Pastor und Gründer der weltweit tätigen sozial-missionarischen Jugendorganisation „Teen Challenge", Millionen von frommen LeserInnen durch die dramatische Erzählung „Das Kreuz und die Messerhelden" bekannt. Weniger bekannt, obgleich mit gewichtiger Intention geschrieben, ist ein anderes Buch von Wilkerson mit dem Titel „Die Vision".[23] Es gibt den Inhalt einer Vision wieder, die der Autor im April 1973 erlebt hat. Im Folgenden sollen einige Passagen daraus zitiert werden, die die Beziehung zur ökumenischen Bewegung berühren: „Ich sehe eine Stunde der

---

[22] Sandidge 1987, 455.
[23] Wilkerson 1987.

Verfolgung von solchem Ausmaß kommen, wie sie die Menschheit vorher noch nicht gesehen hat. [...] Ich sehe, wie aus der Vereinigung liberaler, ökumenisch gesinnter Protestanten und der römisch-katholischen Kirche eine Super-Weltkirche entsteht, die auch auf politischem Gebiet gleiche Anschauungen vertritt und eine der mächtigsten religiösen Kräfte der Welt wird. Diese Super-Weltkirche wird nur dem Namen nach geistlich scheinen, aber von dem Namen Jesu Christi reichlich Gebrauch machen. Doch in Wirklichkeit werden viele ihrer Aktivitäten antichristlich und politisch ausgerichtet sein. Diese mächtige Kirchenunion wird sich sehr in sozialen Aktionen, in großen Hilfsprogrammen für Notleidende und in Werken der Barmherzigkeit engagieren. [...] Gerade dann, wenn es so aussieht, als sei die ökumenische Bewegung fast tot, wird eine ganze Kette geradezu geheimnisvoller Ereignisse eintreten, durch die der Rahmen für die kommende Kirchenunion gestellt wird. Rom wird auf viele Konzessionen von Seiten der protestantischen ökumenischen Kirchenführer bestehen und wird sie erhalten. [...] Protestantische Führer der ökumenischen Bewegung werden im Austausch auf bestimmte Konzessionen bestehen, die die katholische Kirche machen soll, und sie werden diese erhalten. [...] Der Aufbau dieser Super-Weltkirche wird im kleinen beginnen. Man wird damit anfangen, daß man gemeinsame Studien- und Forschungsprogramme durchführt. [...] Die offizielle politische Verschmelzung liegt noch einige Zeit in der Zukunft, aber der formlose Rahmen für diese Union ist schon im Entstehen begriffen."[24]

Diese Beispiele mögen genügen, um zu zeigen, dass die Ökumene im (neo-) pfingstlichen Bereich jedenfalls umstritten ist und dass diese Auseinandersetzung vor dem Hintergrund göttlichen Sendungsbewusstseins oft mit unerbittlicher Konsequenz geführt wird. Das Ausmaß an Gegnerschaft ist die Kehrseite des Engagements, welches Pfingstler erfassen kann, die sich im Bereich der Ökumene berufen fühlen.[25]

---

[24] AaO., 91-94, sprachliche Fehler im Original.
[25] Giese 1987, 98.

3. Ökumenische Beziehungen der (Neo-)Pfingstler

Was die ökumenischen Beziehungen der pfingstlichen und charismatischen Gemeinden anbetrifft, so stehen sie heute den freikirchlich-evangelikalen Denominationen am nächsten – obgleich das keineswegs immer so war (vgl. die berühmt-berüchtigte „Berliner Erklärung" aus dem Jahr 1909, in der führende Evangelikale in Deutschland die junge Pfingstbewegung mit dem Verdikt belegt hatten: „Die sogenannte Pfingstbewegung ist nicht von oben, sondern von unten"; mit diesem Dämonieverdacht war der absolute Tiefpunkt der zwischen zwei christlichen Konfessionen möglichen Beziehungen erreicht). Inzwischen jedoch arbeiten die etablierten Pfingstkirchen verstärkt untereinander und auch mit evangelikalen Denominationen zusammen; so haben sie 1942 in den USA die „National Association of Evangelicals" mit aufgebaut, in etwa eine Entsprechung zur „Evangelischen Allianz" in Deutschland. Ein wichtiger Faktor für die Verständigung ist die Tätigkeit weltweit anerkannter berühmter Evangelisten sowie die Zusammenarbeit in überkonfessionellen missionarischen Organisationen, wie z. B. der „Full Gospel Buisiness Men's Association".[26] Die missionarische und diakonische Arbeitsgemeinschaft scheint allgemein die dem Pfingstlertum entsprechende Form des Ökumenismus zu sein. Formelle Zusammenschlüsse hingegen werden nicht nur interdenominationell, sondern auch in den eigenen Reihen grundsätzlich abgelehnt; in diesem Punkt ist das ursprüngliche Erbe der Pfingsterweckung bis auf den heutigen Tag bewahrt.

Je stärker die „Evangelikalisierung" der Pfingstkirchen vorangeschritten ist, umso schwieriger gestalten sich ihre Beziehungen zum ÖRK. So haben die Assemblies of God in den 50er Jahren eine förmliche Ablehnung des ÖRK in 10 Punkten verabschiedet, aus der im Folgenden einige Passagen zitiert seien: „Setting itself up as an ‚ecumenical' ecclesiasticism the council has refused to adopt as a basis of fellowship the absolute minimum of fundamental evangelical Christian doctrine necessary to such a body. [...] It has admitted into its membership a host of ‚liberals' who are committed to a theology

---

[26] Vgl. Hollenweger 1971, 35f.

and philosophy which are definitely anti-Christian in the Biblical sense. [...] The ramifications are such that it is already beginning to function as a »super church«, bringing pressures or exerting controls over both member and non-member churches. [...] Its concept of the nature of the church, the character of Christ and of essential doctrine is inadequate. It has at no time unequivocally stated its belief in the Bible as the inspired, the only infallible authoritative Word of God. [...] It has adopted an approach to the problem of Christian unity which is un-Protestant and un-Biblical and therefore essentially un-Christian. [...] Its relations with the Greek Orthodox Churches and its general attitude toward the Roman Catholic Church threaten to weaken if not eventually destroy the distinctive testimony of Protestantism."[27]

Im Wesentlichen sind es drei Vorwürfe, die dem ÖRK gemacht werden: „Er ist freisinnig verseucht, katholikenfreundlich und kommunistisch infiltriert."[28] Viel tiefer reicht jedoch der oben erwähnte grundlegende Vorbehalt, wonach die sichtbare, von Menschen gemachte Einheit bedeutungslos ist im Vergleich zu der unsichtbaren, von Gott bereits geschenkten Einheit aller wahren Gläubigen. Unter dieser Voraussetzung kann das Bemühen des ÖRK und ähnlicher Organisationen um die *sichtbare* Einheit der Christen auch im besten Fall nur vergebens erscheinen.

Auch seitens des ÖRK bestehen freilich nicht wenige Vorbehalte gegenüber den Pfingstkirchen. 1980 wurde ein „Report of the Consultation on the Significance of the Charismatic Renewal for the Churches" veröffentlicht, in dem etliche heikle Punkte angesprochen wurden, u. a.: Tendenz zu Kirchenspaltung und Proselytismus, Gefahr des Sektierertums, unzulässige Entpolitisierung des christlichen Glaubens, Überbetonung von Emotionalität, ungenügende Prüfung der Geistesgaben, mangelnde Offenheit für soziologische und psychologische Selbsterkenntnis, unangemessenes Verständnis der Rolle der Frau in der modernen Welt und – ganz grundsätzlich – die fehlende Bereitschaft zur Teilnahme am ökumenischen Dialog ...[29]

---

[27] United Evangelical Action, zit. nach Hollenweger 1969, 588 f.
[28] Hollenweger 1969, 501.
[29] WCC 1980, 206-208.

Trotzdem sind 1961 auf der 3. Vollversammlung des ÖRK in Neu-Delhi zwei kleinere chilenische Pfingstkirchen (die Pentecostal Church of Chile und die Pentecostal Mission Church) dem Weltkirchenrat beigetreten, und seitdem sind noch einige weitere hinzugekommen. Die genaue Zahl der pfingstlichen Mitgliedskirchen ist freilich schwer zu bestimmen, wie Hollenweger ausführt: „Niemand scheint genau zu wissen, wieviele pfingstliche Mitgliedskirchen es im Ökumenischen Rat gibt. Dafür gibt es verschiedene Gründe. Erstens gibt es keine allgemein akzeptierte Definition einer Pfingstkirche. Wenn man die Kriterien nimmt, die ich [...] über die ‚schwarze mündliche Wurzel‘ (samt dem Glaubensbekenntnis der ersten Pfingstkirche, des ‚Apostolic Faith‘ in Los Angeles) aufgestellt habe, gehört wahrscheinlich die Mehrheit aller Dritte-Welt-Kirchen zur Pfingstbewegung. Wenn man als Leitlinien das ausführliche evangelikale Rahmenwerk der Assemblies of God nimmt, dann gehören wahrscheinlich nicht einmal alle Kirchen, die in der Weltpfingstkonferenz vertreten sind, zur Pfingstbewegung.[30] Die „Assemblies of God", eine sehr große und einflussreiche Pfingst-Denomination in den USA, stehen der ökumenischen Bewegung, wie sie vom ÖRK repräsentiert wird, strikt ablehnend gegenüber.

Die lateinamerikanischen Pfingstkirchen spielen in Bezug auf die Ökumene und den ÖRK eine besondere Rolle. Da die römisch-katholische Kirche kein Mitglied ist, sind die lateinamerikanischen Pfingstkirchen (fast) die einzigen Vertreter ihres Kontinents im Weltkirchenrat. So erhalten die lateinamerikanischen Pfingst-Mitgliedskirchen im ÖRK eine hervorragende Bedeutung, obwohl sie zahlenmäßig sehr klein sind. Ähnliches gilt für den Lateinamerikanischen Kirchenrat.

Es ist überraschend, dass die Pfingstbewegung, wenn man sie genauer betrachtet, keineswegs einfach dem „linken Flügel der Reformation" zuzuordnen ist, sondern eine größere Nähe zum Katholizismus aufweist. Zu den katholischen Elementen der Pfingstbewegung gehören „ihr strikter Arminianismus (die Lehre vom ‚freien Willen‘ des Menschen), ihr Glaube an zwei Welten, eine natürliche und eine übernatürliche, ihre hierar-

---

[30] Hollenweger 1997, 418.

chische Kirchenstruktur (die meisten Pfingstkirchen, jedenfalls in der Dritten Welt, haben Bischöfe) und ihre Lehre von
zwei (manchmal drei) religiösen Krisiserfahrungen, sachlich
und zeitlich zu unterscheidende Stufen im *ordo salutis*."[31]

Durch diese Affinität zwischen Pfingstlern und Katholiken
vermag sich die Tatsache zu erklären, dass die Pfingstbewegung vor allem in katholischen Kulturen Erfolg hat; gleiches
gilt für die Verbreitung der charismatischen Bewegung insbesondere in der katholischen Kirche, wo sie eine der stärksten
Gruppierungen bildet. Auch der bemerkenswerte Dialog zwischen den Pfingstlern und der römisch-katholischen Kirche
(der einzige internationale Dialog, an dem die Pfingstler beteiligt sind!) lässt sich vor solchem Hintergrund verstehen.

Freilich gibt es auch grundlegende Differenzen zwischen
beiden religiösen Traditionen, die in allen Gesprächsrunden
zum Thema gemacht wurden und gleichwohl fortbestehen.
Dazu gehören klassische Kontroversen wie die um das Schrift-
verständnis, die Kinder- bzw. Glaubenstaufe und die Beke-
rung, die Bedeutung der Sakramente, das Verständnis der Tradition, die Einheit der Kirche und die Rolle des Papstes –
sowie diesem untergeordnete Streitfragen wie die nach der
Stellung Marias, Heiligenverehrung, Frömmigkeitspraxis
u. a. m. Auch durch die jüngste Kirchengeschichte wurden die
Beziehungen zwischen Pfingstlern und Katholiken belastet:
Insbesondere in Lateinamerika (aber auch in anderen mehrheitlich katholischen Ländern wie z. B. Italien) waren die
Pfingstler bis in die 50er Jahre hinein regelrechten Verfolgungen durch die katholische Kirche ausgesetzt: staatliche Ver-
sammlungsverbote und Schließung von Kirchen waren der
Preis dafür, dass sie hier nur auf Kosten der Katholiken missionieren konnten.[32] Heute ist das Verhältnis ambivalent: In
der lateinamerikanischen Kirche versuchen die Pfingstler un-
bewusst, als religiöse Großmacht anerkannt zu werden (was sie

---

[31] AaO., 165.
[32] Nicht nur seitens der katholischen Kirche, sondern auch von protestantischen und orthodoxen Kirchen haben Pfingstler in Ländern, wo
diese eine ungebrochene Vormachtstellung innehaben, Einschränkungen
und Verfolgungen der verschiedensten Art hinnehmen müssen. Dadurch
sind Ressentiments entstanden, die allgemein ein Hindernis für die ökumenische Offenheit der Pfingstler sind und erst noch überwunden werden müssen.

faktisch auch sind), und damit bilden sie „eine Spiegelung der großen Rivalin, der beneideten und zugleich abgelehnten katholischen Kirche. [...] Es verwundert weiter nicht, daß in der Konkurrenz mit der katholischen Kirche die Pfingstler deren traditionellste Züge imitieren. Das ist zwar bedauerlich, besonders zu einem Zeitpunkt, da ein großzügigerer Wind die katholische Kirche dazu führt, ihre Institutionen, insbesondere ihre sogenannte christliche Partei, in Frage zu stellen"[33] – dennoch ist es verständlich. Auch wenn die Erfolgsaussichten gering sind, ist ein deutlicher Ausdruck der Suche nach Macht gegeben. Umso bedeutsamer ist es, daß gerade Pfingstler in Lateinamerika sich nicht von den anderen Christen zurückziehen, sondern sich u. a. im ÖRK engagieren – einem Gremium, in dem die römisch-katholische Kirche freilich nicht vertreten ist, das sich aber dennoch stets um Verständigung mit ihr bemüht!

Seit 1972 führen einzelne Pfingstkirchen und die römisch-katholische Kirche einen offiziellen Dialog miteinander. Dieser Dialog ist in der ökumenischen Landschaft in mancher Hinsicht ein Unikum: Für die katholische Kirche ist er fast der einzige internationale Dialog, den sie mit Einzelpersonen führt, welche keine offizielle Delegation einer verfaßten Kirche bilden; für die Pfingstler hingegen war es der erste internationale Dialog überhaupt, an dem sie teilnahmen. (Außer dem Dialog zwischen Reformiertem Weltbund und Pfingstkirchen, der von 1996–2000 stattfand und im Mai 2000 in Saõ Paulo einen Abschlussbericht vorgelegt hat, ist es auch der einzige internationale bilaterale Dialog für die Pfingstler geblieben.) Außerdem hat er ausdrücklich nicht das Ziel, auf eine irgendwie geartete organische oder strukturelle Einheit hinzuwirken, sondern dient allein der gegenseitigen Verständigung – auch dies eine Ausnahme innerhalb des katholischen Ökumenismus.[34] Tatsächlich ist dieser Dialog nicht nur ohne die Legitimierung, sondern sogar gegen den ausdrücklichen Widerspruch maßgeblicher pfingstlicher Kräfte zustande gekommen. Erst seit der dritten Dialogrunde (1985-1989) sind einige der pfingstlichen Teilnehmer offizielle Abgesandte ihrer Kirche; die anderen engagieren sich aus eigener Initiative he-

---

[33] Hollenweger 1971, 106 f.

raus, wobei oft der subjektiv unableitbare Eindruck entscheidend ist, dass dies der Wille Gottes für sie sei. Sie waren z.T. nicht theologisch gebildet oder in ökumenischer Arbeit erfahren; für ihre Reisekosten mussten sie meist selbst aufkommen. Durch ihre Spontaneität und Unberechenbarkeit haben sie so manches Mal den üblichen Konferenzstil gesprengt: Gebetsgemeinschaften und Zeugnisse, Geistesgaben und Wunder, Lieder und gegenseitige Gottesdienstbesuche bereicherten das Programm.

All diese Eigenarten machen den pfingstlich-katholischen Dialog zu einem interessanten Phänomen, welches Beachtung verdient. Sandidge beschreibt ihn als „Rome and Corinth speaking together of Spiritual gifts and the Lord's Table; St Peter, the spokesman, talking with St Paul, the zealous missionary, about christian tradition and ministry; the age of catholicism meeting the youth of pentecostalism to see what each can learn from the other; liturgy meeting spontaneity; and precise theological formulations confronting personal religious experience."[35]

Maßgeblich für das Zustandekommen dieses Dialoges war – neben der allgemeinen Öffnung der römisch-katholischen Kirche durch das Zweite Vatikanische Konzil – die charismatische Bewegung innerhalb des Katholizismus. Die katholischen Dialogpartner gehörten fast ausnahmslos dieser Bewegung an, sodass man auf *beiden* Seiten über ähnliche geistliche Erfahrungen verfügte. Das gemeinsame Erleben des Geistes ließ jeden den andern grundsätzlich als Glaubensgenosse aner-

---

[34] Es gab nur noch einen weiteren Dialog der römisch-katholischen Kirche, für den dies beides ebenfalls zutraf, und zwar den mit den Evangelikalen. Er bestand aus nur einer Gesprächsreihe mit drei Treffen zwischen 1977 und 1984; auffällig ist, daß im offiziellen Abschlussbericht seine Fortführung seitens der Teilnehmer ausdrücklich *nicht* empfohlen wurde. Hier war das Dialog-Klima insgesamt eher sachlich-konfrontativ, mehr der unbeschönigten Wahrheit als der Liebe verpflichtet. Von einer persönlichen Annäherung zwischen den Teilnehmern, der Erfahrung des Wirkens des Geistes, dem Dialog als Geschenk der Begegnung o. ä. wird nichts berichtet ... Der einzige vergleichbare Dialog, von dem ein ähnlich positives Klima wie mit den Pfingstlern gemeldet wird, ist der Baptistisch/Römisch-Katholische Dialog, von dem es bisher jedoch ebenfalls erst eine Gesprächsreihe 1984–1988 gab. Vgl. die entsprechenden Abschnitte bei Meyer et al. 1982-1990, 392-443 und 374-391.
[35] Sandidge 1987, 29.

kennen und schaffte eine Verbundenheit, die stärker war als alle Vorbehalte: So ging man von Anfang an nicht mit einer konfrontativen und ablehnenden Haltung, sondern eher fragend und suchend in diesen Dialog.[36]

Trotzdem war das Verhältnis zu Beginn sehr ungleichgewichtig. Die Katholiken sind seit vielen Jahrhunderten in subtilen kontroverstheologischen Fragen versiert und engagieren sich seit dem Aufbruch auf dem II. Vaticanum professionell in den verschiedensten bilateralen Dialogen. Die Pfingstler hingegen brachten nur ihren guten Willen und überhaupt keine Erfahrung mit; sie wussten zuerst gar nicht, worauf sie sich einließen. Das ging sogar so weit, dass sie auf Seiten ihrer Delegation anfangs die Starthilfe einiger nichtpfingstlicher Charismatiker beanspruchen mussten, die sie dabei unterstützten, ihre eigenen Positionen theologisch zu formulieren. Bittlinger beschreibt seine Beobachtungen aus der ersten Dialogphase so: „Die Pfingstler hatten häufig Mühe, ihr Proprium zu zeigen, weil sie bisher gerade deswegen verspottet und verfolgt worden waren. Im Dialog versuchten sie deshalb, auf gleicher Ebene mit den Katholiken zu dialogisieren, wodurch sie sich auf ein ihnen fremdes Territorium begaben. [...] So hatten z. B. die Pfingstler bei der Diskussion und Verabschiedung der einzelnen Dialogberichte unter dem Eindruck des positiven Klimas die Tendenz, sich anzupassen, ohne zu merken, daß sie dabei manchmal Positionen aufgaben, die für nicht im Dialog anwesende Pfingstler wesentlich waren. Diese Tatsache ist m. E. nicht nur negativ zu beurteilen, sondern sie ist auch Zeichen einer ur-pentekostalen oekumenischen Gesinnung, die hier zum Durchbruch kam. Das Gemeinschaftserlebnis und die Verbundenheit mit den nicht-pentekostalen Dialogteilnehmern war stärker als die Tendenz, eine pentekostale Lehre, die

---

[36] Eine ähnliche Funktion haben charismatische Erlebnisse auch für das Zustandekommen anderer ökumenischer Begegnungen erfüllt. So gab es beispielsweise 1962 in den USA zwei nationale Dialoge zwischen den pfingstlichen Assemblies of God und der Episcopal Church, nachdem es dort ebenfalls zu Manifestationen von Geistesgaben gekommen war und die Leiter von den Pfingstlern mehr darüber erfahren wollten. Auch hier war das Ziel ausschließlich ein geschwisterliches Kennenlernen, keine Übereinkünfte bezüglich Lehre oder zwischenkirchlicher Zusammenarbeit. Vgl. Sandidge1987, XCV.

sich ohnehin erst nach dem eigentlichen pentekostalen Aufbruch am Anfang unseres Jahrhunderts entfaltet hatte, in allen Einzelheiten festzuhalten. Bedauerlicher dagegen war die „Selbstverleugnung", wenn westliche Pfingstler pentekostale Urelemente, nämlich den Enthusiasmus und die mündliche Theologie, verleugneten."[37] In den späteren Phasen haben sich die Pfingstler freilich zunehmend an die Gesetzmäßigkeiten des Dialoges angepasst und hatten die Unterstützung nichtpfingstlicher Charismatiker nicht mehr nötig. Insgesamt zeigt die Tatsache, dass die Pfingstler mit den Katholiken in einen so fruchtbaren formalen Dialog treten konnten, das große ökumenische Potential dieser Glaubensrichtung an, welches bis heute noch weithin unterschätzt wird.

Literatur

Bittlinger, Arnold (1978): Papst und Pfingstler. Der römisch katholisch-pfingstliche Dialog und seine ökumenische Relevanz, Studien zur interkulturellen Relevanz des Christentums, Bd. 16, Frankfurt
Giese, E. (1987): Und flicken die Netze. Dokumente zur Erweckungsgeschichte des 20. Jahrhunderts, Metzingen/Lüdenscheid, 1987, 2.
Ders., Hg. (1981): The Church is Charismatic. The World Council of Churches and the Charismatic Renewal, Genf
Hollenweger, Walter (1969): Enthusiastisches Christentum. Die Pfingstbewegung in Geschichte und Gegenwart, Wuppertal/Zürich
Ders. (1971): Die Pfingstkirchen. Selbstdarstellungen, Dokumente, Kommentare, Die Kirchen der Welt, Bd. 7, Stuttgart
Ders. (1996): Von der Azusa Street zum Toronto-Phänomen. Geschichtliche Wurzeln der Pfingstbewegung, in: Concilium, 32, 1996
Ders. (1997): Charismatisch-pfingstliches Christentum. Herkunft, Situation, ökumenische Chancen, Göttingen
Meyer, Harding et al., Hg. (1982-1990), Dokumente wachsender Übereinstimmung. Sämtliche Berichte und Konsenstexte interkonfessioneller Gespräche auf Weltebene, Bd. 2: 1982–1990
Moltmann, Jürgen; Koschel, Karl-Josef (1996): Die Pfingstbewegung als Herausforderung, in: Concilium, 32, 1996
Sandidge, Jerry (1987): Roman Catholic/Pentecostal Dialogue (1977–1982): A Study in Developing Ecumenism (Studien zur interkulturellen Geschichte des Christentums, Bd. 44), 2 Bde., Frankfurt u. a.
WCC, Hg. (1980): Report of the Consultation on the Significance of the Charismatic Renewal for the Churches, Bossey
Wilkerson, David (1987): Die Vision, Erzhausen 1987,11.

---

[37] Bittlinger 1978, 216-218, Hervorhebung im Original.

Michael Plathow

Katholizismus und charismatisch-pfingstlerische Bewegung

Wie so oft deutet sich in der Themenformulierung schon das Sachproblem an. Hier ist es festzumachen an dem kleinen Wörtchen „und". Deutet es auf die Integration der Charismatischen Bewegung in die römisch-katholische Kirche? Deutet es auf die Charismatische Bewegung als transkonfessionelle Bewegung? Deutet es auf ein polarisierendes Gegenüber von Katholizismus und eigenständigen Charismatischen Bewegungen? Fragen, denen wir nachgehen wollen. Zugleich ist festzuhalten, dass es in der Geschichte der römisch-katholischen Kirche bis heute viele charismatische Bewegungen als Erneuerungsbewegungen gab und gibt.

1. Charismatische Bewegungen und römisch-katholische Kirche

Papst Johannes Paul II. rief am 30.05.1998 auf dem Petersplatz den Vertretern charismatischer Bewegungen die bezeichnenden Worte zu: „Das Institutionelle und das Charismatische sind für die Konstitution der Kirche gleichermaßen wesentlich, und sie tragen beide – wenn auch auf verschiedene Weise – zu ihrem Leben, ihrer Erneuerung und der Heilung des Gottesvolkes bei. Aus dieser gottgewollten Neuentdeckung der charismatischen Dimension der Kirche ist sowohl vor als auch nach dem Konzil eine einzigartige Entwicklung der kirchlichen Bewegungen und neuen Gemeinschaften hervorgegangen." Der Papst fährt dann fort: Menschen, die sich durch die charismatische Erfahrung anstecken lassen, „stellen die von der kirchlichen Autorität offiziell anerkannten Bewegungen als Ausdruckformen der Selbstverwirklichung und Spiegelung der einen Kirche dar."[1] Der Papst spricht hier zu charismatischen Gruppen als kirchlichen Bewegungen, ‚movimenti', die die der römisch-katholischen Kirche wesensmäßige charismatische Dimension innerhalb der Kirche vertreten und

---

[1] L'Osservatore Romano vom 12.6.1998, 8.

die „ein wahres Gottesgeschenk für die Neuevangelisierung und die Missionsarbeit" bilden;[2] auch benennt er die Kriterien für die integrative Einbindung geistlicher Gemeinschaften in die römisch-katholische Kirche.

Geistliche Bewegungen sind in den vergangenen Jahrzehnten unter der Führung charismatischer Personen immer wieder etwa im europäischen Raum der römisch-katholischen Kirche entstanden: ‚Communione et liberazione' 1954 in Mailand; die ‚Fokular-Bewegung' 1943 in Trient; der erste ‚Cursillo' fand 1949 auf Mallorca statt; die ‚Internationale Bewegung christlicher Frauen' (GRAL) wurde 1921 in Holland gegründet; der ‚Neukatechumenale Weg' fand seine Anfänge 1965 in Madrid; die ‚Schönstatt-Bewegung' entstand 1914 in Vallendar und die ‚Gemeinschaft Sant'Egidio' 1968 in Rom usw.[3]

Darüber hinaus sei hingewiesen auf das ‚Stuttgarter Ereignis' am 09.05.2004, als rund 10.000 Anhänger von etwa 150 christlichen Gemeinschaften – ein Teil der ‚movimenti' zusammen mit evangelischen Kommunitäten, Seelsorgezentren, Stadtinitiativen, CVJM, evangelikalen Gruppen usw. – sich zum geistlichen „Miteinander für Europa" in „gelebter Geschwisterlichkeit" trafen.[4] Bischöfe der verschiedenen christlichen Kirchen waren anwesend, und Walter Kardinal Kasper bezeichnete dieses Treffen unterschiedlichster charismatischer Bewegungen als gelebten „geistlichen Ökumenismus". Die Charismatische Bewegung erweist sich in diesem Sinn auch als transkonfessionelle Bewegung, zu unterscheiden von der pfingstlerisch-charismatischen Bewegung der sog. dritten Welle, die sich als eigenständige Bewegungen nicht im Raum der Kirchen verstehen, sondern mit Parallelstrukturen z. T. als Kontrastbewegungen zu ihnen.

Schließlich gibt es seit mehr als 25 Jahren auf internationaler Ebene den Dialog zwischen Vertretern des „Päpstlichen Rates zur Förderung des Einheit der Christen" und einigen

---

[2] Redemptoris Missio (1990), VApS 100, Nr. 72. Vgl. auch Ratzinger 1988.
[3] Die neue Veröffentlichung des Vatikans „Associazioni internazionali di fideli", Libreria Editrice Vaticana 2004 zählt 150 neue geistliche Bewegungen in der römisch-katholischen Kirche.
[4] Die Tagespost vom 11.05.2004, 5.

klassischen pfingstlichen Kirchen und deren Leitern, also den Dialog zweier in ihrer Unterschiedenheit selbstständiger Traditionen. Nach heutigen Schätzungen sind etwa 500 Millionen Mitglieder den verschiedenen Pfingstkirchen mit ihrem raschen Wachstum in Lateinamerika, in Ostasien und in Teilen Afrikas zuzuzählen,[5] so dass dieser Dialog zwischen den beiden zahlenmäßig größten christlichen Strömen geführt wird.

2. Skizzierung der Geschichte der pfingstlerisch-charismatischen Bewegungen

Nach den Anfängen der klassischen Pfingstbewegung, dem Aufbruch der ‚ersten Welle‘ mit der Geisttaufe und damit verbundenem Sprachengebet des farbigen Predigers W. G. Seymour in der Azusa-Street-Mission von Los Angeles begann die ‚zweite Welle‘ der Neo-Pfingstbewegung und Charismatischen Erneuerung in den 1950er Jahren in den USA. Sie verbindet sich mit der Bekanntgabe der Geisttaufe des episkopalen Pfarrers David B. Bennett 1960 und des lutherischen Pastors Larry Christenson 1962, dessen Buch „Komm Heiliger Geist“ in Deutschland bekannt ist.[6] Über Pfarrer Arnold Bittlinger kam die Charismatische Erneuerungsbewegung 1962 nach Deutschland und führte zur Gründung der „Geistlichen Gemeinde-Erneuerung (GGE)“ in der hiesigen evangelischen Kirche. Die ‚dritte Welle‘ fand ihren Ausgang um 1980 in Pasadena durch C. Peter Wagner, John Wimber u. a. Das Erleben der Machttaten des Geistes in Heilungen und Befreiungen von Bindungen – wie im sog. ‚Power evangelism‘ und durch die ‚geistliche Kampfführung‘ – vor allem unter konservativ geprägten evangelikalen Kreisen ließ das Anliegen der Erneuerung der Konfessionskirchen zurücktreten und unabhängige charismatische Gemeinden gründen. Die ‚dritte Welle‘ stellt auch heute noch eine Herausforderung zur ‚Unterscheidung der Geister‘ an die evangelische und römisch-katholische Kirche ebenso wie an die Freikirchen dar.

---

[5] Vgl. Hollenweger 1997.
[6] Christenson 1989.

Die Ursprünge der pfingstlerisch-charismatischen Bewegungen liegen also – im Unterschied zu den ‚movimenti' – außerhalb des Raumes der römisch-katholischen Kirche. Ende der 1960er Jahre aber ist die Charismatische Bewegung in den USA auch an der katholischen Duquesne-Universität in Pittsburgh/Pen. zu beobachten.[7] Bereits seit 1974 wurde mit der römisch-katholischen Charismatische Bewegung weltweit und mit der „Charismatischen Erneuerung in der Katholischen Kirche" in Deutschland die Integration in die römisch-katholische Kirche gesucht.[8] Kennzeichnend dafür ist der durch die Deutsche Bischofskonferenz (DBK) bestätigte Text „‚Der Geist macht lebendig'. Charismatische Gemeinde-Erneuerung in der katholischen Kirche in der Bundesrepublik Deutschland. Eine theologische und pastorale Orientierung" vom 12.03.1987; bezeichnenderweise ist diese Erklärung mit einer „Ordnung für die Katholische Charismatische Gemeindeerneuerung im Bereich der deutschen Bischofskonferenz" verbunden.[9]

3. Das Dokument „Der Geist macht lebendig" (1987)

Die theologische und pastorale Orientierung „Der Geist macht lebendig" bezieht sich einerseits auf die Texte des II. Vatikanums.[10] Indem sie weiterhin die Ergebnisse der internationalen Dialoggruppe zwischen römisch-katholischer Kirche und klassischen Pfingstkirchen im „Ersten Mechelner Dokument" Kardinal L. J. Suenens von 1974[11] sowie die Enzyklika Papst Johannes Pauls II. „Dominum et vivificantem" (18.05.1986)[12] einbezieht, stellt sie eine Überarbeitung des Textes „Erneuerung der Kirche aus dem Geist Gottes" von 1981[13] dar.

---

[7] McDonnell 1980.
[8] Vgl. Föller 1997.
[9] Baumert 1987, 13 ff., 63 ff.
[10] Lumen gentium 12.
[11] Zu beziehen über: Verein für den Dienst an charismatischer Erneuerung in der katholischen Kirche, Kraygasse 92, A-1222 Wien.
[12] VApS 71.
[13] Mühlen 1982, 19 ff.

Folgende Leitperspektiven will sie als Orientierung vermitteln:

Die Charismatische Erneuerung – groß geschrieben, weil die charismatische Erneuerung, klein geschrieben, konstitutive Bedeutung für die ganze römisch-katholische Kirche in Geschichte und Gegenwart hat – gestaltet sich als Bewegung innerhalb der römisch-katholischen Kirche mit katholischem Profil. Als „katholische Charismatische Erneuerung" lebt und wirkt sie „in der Kirche und für die Kirche" (I. 2) mit ihrer Ausrichtung auf Evangelisierung und Mission. Die Wirklichkeit und das Wirken des Geistes des dreieinen Gottes, wie es die Enzyklika „Dominum et vivificantem, über den Heiligen Geist im Leben der Kirche und der Welt" entfaltet, ist der Quellgrund der Charismatischen Erneuerung in und mit der römisch-katholischen Kirche (II). Die „Erfahrung" des Geistes Gottes, die sich die Charismatische Bewegung besonders zu eigen macht, erweist sich, „wo immer ein Mensch von der Gnade Gottes angerufen wird, und ist – mit „Lumen gentium" (12) – ausgerichtet und verwiesen auf die Gemeinschaft der Kirche (III. 2, 5).

Kriterien und Maßstäbe für die geistliche Unterscheidung sind insbesondere die Hinordnung auf die römisch-katholische Kirche mit der Rückbindung an ihr kirchliches Selbstverständnis, die Übereinstimmung mit der Lehre der Kirche und die Bereitschaft, sich „in die Ordnung der Kirche mit ihren von Christus gegebenen Ämtern einzufügen und den persönlichen Auftrag Gottes darin wahrzunehmen", weiter den Bezug der Charismen hin auf die Sakramente zu erkennen und aus den Sakramenten und mit den Sakramenten zu leben (IV 1). Als „Geist-Erfahrung" ist das von der Charismatischen Erneuerung hervorgehobene Erlebnis der „Geisttaufe" mit dem Sprachengebet zu verstehen (V 2). „Geist-Erfahrung" und Sakramente sind in der Weise miteinander verbunden, dass sie als Erneuerung der Hingabe an Gott und der Beziehung zu Gott eine „stufenweise erfolgende sakramentale Eingliederung in die Kirche" darstellen (V. 3).

Folglich ist in differenzierter Unterscheidung die Gnadengabe des Sprachengebets als „ganzheitliche Beziehung zu Gott" zu verstehen, die Gabe der Prophetie als „geistliches Gespür", wie eine konkrete Situation von Gott her zu sehen ist, die Gabe der Heilung als vorsakramentales Geschehen des

„umfassenden Sinnes des Sakramentes der Krankensalbung", das Befreiungsgebet als Entsprechung zur exorzistischen Befreiung aus der Abhängigkeit von destruktiven Mächten. Alle Charismen sind „auf die Sakramente der Kirche hingeordnet". Und die Träger der Charismen sind „in ihrem Dienst dem Amt zugeordnet, durch welches der Geist den rechten Gebrauch der Charismen in der Kirche schützt und fördert" (VI. 8).

Die theologischen und pastoralen Kriterien der „Unterscheidung der Geister" beziehen sich also auf das Selbstverständnis der römisch-katholischen Kirche, ihrer Sakramente und Ordnung. In „moderierender Integration"[14] wird die Charismatische Erneuerung in den lehramtlichen Geltungsbereich und in die Loyalitätsstruktur der römisch-katholischen Hierarchie eingebunden, wie es Papst Johannes Paul II. in seiner Rede am 30.05.1998 zum Ausdruck brachte. Zugleich werden mit dem Hinweis auf „Gefahren" – z. B. „Überbetonung der Gefühle", „Falsche Unmittelbarkeit", „Fundamentalismus", „Religiöse Selbstzufriedenheit" und „Flucht aus der Wirklichkeit" (VIII) – die Grenzen integrativer Möglichkeiten vom römisch-katholischen Selbstverständnis her gegenüber Phänomenen der sog. dritten Welle der pfingstlerisch-charismatischen Bewegungen gesetzt.

Im Ganzen tritt bei der geistlichen Unterscheidung die Bezeugungsinstanz des „sensus fidei" im „sensus fidelium" der Charismatischen Bewegung zurück gegenüber der osmotisch „moderierenden Integration" des kirchlichen Lehramtes in der kirchlichen Hierarchie.

4. „Theologischer Ausschuss der Charismatischen Erneuerung in der katholischen Kirche (Deutschland)"

Auf der Grundlage der theologischen und pastoralen Orientierung der Erklärung „Der Geist macht lebendig" arbeitet der „Theologische Ausschuss der Charismatischen Erneuerung in der katholischen Kirche (Deutschland)". Zu diesem Ausschuss gehören u. a. Norbert Baumert, Wolfgang Boemer,

---

[14] Anm. 7.

Hans Gasper. Neben der Zeitschrift „Charisma" wurden im Laufe der Jahre verschiedene pastorale Handreichungen als „Theologische Orientierung" herausgegeben;[15] sie wollen Hilfestellungen zur geistlichen Unterscheidung und zur seelsorgerlichen Beratung und Begleitung geben.

In der Korrelation zwischen Eigenverständnis der Charismatischen Erneuerung und römisch-katholischer Identität werden in theologischer und pastoraler Unterscheidung Abgrenzungen signalisiert, etwa zu apokalyptischen Strömungen fundamentalistischer Provenienz, die das letzte Kommen Christi selbstmächtig fixieren wollen; zu exaltierten marianischen Bewegungen, bei denen die „Ganzhingabe an Gott durch Maria" zur „Marienweihe" als „Ganzhingabe und Weihe an Maria" verkehrt; zu extrem körperlichen Auswirkungen geistlicher Vorgänge wie beim „Toronto-Segen",[16] bei denen charismatische Begleiterscheinungen sich zu verselbständigen drohen oder im menschlichen Verfügen benutzbar werden; wo die Unterscheidung von sakramentaler Sündenvergebung durch den Priester und außersakramentaler Sündenvergebung durch „Laien", eben vorsakramentaler Beichte und „Laienbeichte", verwischt wird; wo das Gebet um Befreiung, unterschieden vom „Gebet um Heilung" und vom Exorzismus,[17] verunklart und als Mittel zur Demonstration von Macht gegen das Böse und den Bösen benutzt wird wie beim dramatisierten „Power-Gebet".

Diese theologischen Unterscheidungen in pastoraler Verantwortung machen die abgrenzende Distanz zu religiösen Extremgruppen wie auch zu manchen Erscheinungen der sog.

---

[15] U. a. „Endzeitfieber" oder Sehnsucht nach dem Herrn; Zur Praxis der Marienfrömmigkeit; Zu auffallenden körperlichen Phänomenen im Zusammenhang mit geistlichen Vorgängen; Vergebung empfangen. Umkehr und Sündenvergebung im seelsorgerlichen Gespräch mit Laien, 2000; Gebet um Befreiung. Ein Beitrag zum innerkirchlichen Gespräch, 2003. Zu beziehen über: CE-Sekretariat, Marienstr. 80, 76137 Karlsruhe.

[16] Hempelmann 1996.

[17] Die Handreichung „Gebet um Befreiung. Ein Beitrag zum innerkirchlichen Gespräch, 2003, 18 f. weist differenziert darauf hin: „Dämonische Belästigungen oder Blockaden müssen nicht, *können* aber Folge der eigenen Sünde sein, z. B. wenn man sich willentlich für etwas Böses oder den Bösen entschieden und ihm damit Verfügung über sich eingeräumt hat. Sie können auch dadurch entstehen, dass man sein ‚Heil' nicht bei Gott, sondern anderswo sucht, etwa durch Versuche einer Selbsterlösung (z. B. bestimmte vulgär-esoterische Praktiken)."

dritten Welle der pfingstlerisch-charismatischen Bewegungen deutlich, die mit der polarisierenden Gründung „freier Gemeinden" als Parallel- und Kontraststruktur eine geistliche Herausforderung an die sogenannten ‚großen' Kirchen und Freikirchen darstellen.[18]

Loyalität gegenüber der Gemeinschaft und der Autorität des Amtes der römisch-katholischen Kirche erweisen sich als Urteilskriterien. So ist – bei aller Besonderheit der Charismatischen Erneuerung – diese mit ihren Charismen integriert in die römisch-katholische Kirche; so sind die außerordentlichen Charismen hingeordnet auf das Amts-Charisma; so sind die außer- und vorsakramentalen geistlichen Erfahrungen auf die sakramentalen Erfahrungen bezogen und so lebt die katholische Charismatische Erneuerung mit ihren typischen geistlichen Lebensäußerungen in der hierarchischen Ordnung der römisch-katholischen Kirche, ihrer Leitung und ihres Lehramtes.

5. Der internationale Dialog zwischen der römisch-katholischen Kirche und einigen klassischen pfingstlichen Kirchen und deren Leitern

Die klassische Pfingstbewegung ist nicht im römisch-katholischen Raum entstanden; sie blieb und bleibt in Distanz zur römisch-katholischen Kirche und in vielen Regionen der Welt in Konkurrenz zu ihr. Gleichwohl trafen sich seit 1972 jährlich Theologen und leitende Personen aus verschiedenen Pfingstkirchen mit zur Hälfte römisch-katholischen Teilnehmern, die der „Päpstliche Rat für die Förderung der Einheit der Christen" einlädt.[19] Pionier der Gespräche war der Pfingstler Rev. David J. du Plessis, der als „Beobachter" am II. Vatikanischen Konzil teilnahm. Nach jeweils fünf Jahren wurde ein Zwischenbericht mit den Ergebnissen veröffentlicht.[20] Der Ertrag der letzten, der vierten Phase (1990–1997) findet im Abschlussbericht „Evangelisation, Proselytismus und gemeinsa-

---

[18] Hempelmann 1993; Spornhauer 1999.
[19] Liste der Teilnehmer, vgl.: Baumert/Bially 1999, 94 f.
[20] Baumert/Bially 1999.

mes Zeugnis" seinen Niederschlag;[21] er fasst auch 25 Jahre Dialogprozess auf internationaler Ebene zusammen, bei dem folgende Themen behandelt wurden: „Die Taufe im heiligen Geist, christliche Initiation und die Charismen, Heilige Schrift und Tradition sowie die menschliche Person und die Gaben" (1972–1976), „Glaube und religiöse Erfahrung, Sprachengebet sowie die Rolle Mariens" (1977–1982) sowie „Koinonia (christliche Communio und Gemeinschaft)" (1985–1989).

In einer betonten Konvergenz zielt der Abschlussbericht der vierten Phase, in dem keine strukturelle Einheit der beiden in ihrem Selbstverständnis höchst unterschiedlichen Traditionen anvisiert wird, auf den gemeinsamen Auftrag zur Evangelisierung. Zwar befindet man sich noch in einem „Annäherungsprozess" (65) und „Wachstumsprozess", in dem man voneinander lernt, aber „was uns eint ist viel größer das was, was uns trennt" (130) – der Glaube an den dreieinen Gott, an die Einzigkeit der Erlösung durch Jesus Christus usw. –, so dass man durch das gemeinsame Gebet und durch gesellschaftsdiakonische Aktionen schon für das gemeinsame Zeugnis vorbereitet sei (130). Indem man vom Gemeinsamen entsprechend der ökumenischen Methode der Weltkonferenz für „Glauben und Kirchenverfassung" in Lund (1952) ausgeht, werden die Differenzen klar zur Sprache gebracht:

- Unterschiede im Verständnis von Lehre in autorisierten Texten des römischen Lehramtes bzw. im Einigungsprozess der Gemeindeglieder in den Pfingstkirchen (3)
- die lange währende Dominanz der Priester und Ordensleute bei evangelisatorischen Aktivitäten bzw. die Evangelisierung durch „Laien" (17)
- die integrative Zuordnung der Fremdreligionen nach dem Modell der konzentrischen Kreise bzw. die generelle Ablehnung „erlösender Elemente in nichtchristlichen Religionen" auf Seiten der Pfingstkirchen (27)
- die untrennbare Verbindung von Evangelisation und Kultur sowie sozialer Gerechtigkeit bzw. die Konzentration auf die „persönliche Evangelisation und Eingliederung in christliche Gemeinschaften" in den letzten Tagen gemäß Apg 2, 17 (31, 48)

---

[21] Ebd., 59 ff. und Meyer et al. 2004, 602 ff.

– die unterschiedliche Einschätzung des Bösen und seiner Herkunft (67).

Der Bericht geht besonders auf das in Geschichte und Gegenwart konfliktreiche und schuldbeladene Thema „Proselytismus" ein: „Proselytismus ist der respektlose, unsensible und lieblose Versuch, die Zugehörigkeit eines Christen von einer kirchlichen Gemeinschaft zu einer anderen herbeizuführen" (83). Von beiden Gesprächspartnern gemeinsam wird Proselytismus als „unethische Aktivität" abgelehnt; Unehrlichkeit, Formen von Zwang und Gewalt, Spott und Einschüchterung werden verurteilt (93). „Pfingstler und Katholiken bestätigen die Gegenwart und die Kraft des Evangeliums in christlichen Gemeinschaften außerhalb ihrer eigenen Tradition. Pfingstler glauben, dass die Christen aller Denominationen eine lebendige und persönliche Beziehung mit Jesus als Herrn und Erlöser haben können. Katholiken glauben, dass nur in ihrer eigenen sichtbaren Gemeinschaft ‚man Zutritt zu der ganzen Fülle der Heilsmittel haben kann'. Sie glauben aber auch, dass ‚einige, ja sogar viele und bedeutende Elemente oder Güter, aus denen insgesamt die Kirche erbaut wird und ihr Leben gewinnt, auch außerhalb der sichtbaren Grenzen der katholischen Kirche existieren können'[22]"(112).

Die Einheit in der Verschiedenheit christlicher Traditionen, die das „gemeinsame Zeugnis" ermöglicht, wird hervorgehoben (122, 130). Letztlich wird weder eine ‚moderierende Integration' in die römisch-katholische Kirche erklärt noch eine transkonfessionelle Bewegung beschworen. Die Vertreter eigenständig und unterschiedlich bleibender Traditionen und Kirchen verabreden nicht nur Koexistenz im Nebeneinander, sondern Kooperation beim gemeinsamen Zeugnis, gegenseitigen Respekt und wechselseitige Rücksicht.

Die jahrelangen Dialoge der internationalen Gesprächsgruppe zwischen – wohlbemerkt – einigen Gruppierungen und Personen der Pfingstbewegung und der römisch-katholischer Kirche führten zu dieser gewiss eindrucksvollen Erklärung.

Angesichts von Selbstbezogenheit, Vorurteilen, Gesprächs- und Kooperationsunwilligkeit wartet die Erklärung – realis-

---

[22] „Unitatis redintegratio", Nr. 3.

tisch eingeschätzt – in vielen Gebieten der Erde noch auf ihre Rezeption und konkrete Umsetzung. Sie zeigt aber auch die „Unterscheidung der Geister" und die Abgrenzung von Erscheinungen der sog. ‚dritten Welle' in der pfingstlich-charismatischen Bewegung klar an, wie es entsprechend auch von Seiten der evangelischen Landeskirchen und Freikirchen geschieht. Für die kooperative Beziehung, für die ‚moderierende Integration' der katholischen Charismatischen Erneuerung, für die Teilnahme an transkonfessionellen Events geistlicher Bewegungen, für die ökumenischen Dialoge und das ökumenische Zusammenleben überhaupt erweist sich mit dem Ökumenismusdekret[23] der ‚geistliche Ökumenismus' in Verbindung mit der ‚Theologie des Lebens' als Voraussetzung geistlicher Gemeinsamkeit.

Resümee

1. Das Verhältnis von Katholizismus und pfingstlerisch-charismatischer Bewegung gestaltet sich höchst differenziert und komplex.

2. Charismatische Aufbrüche gab es und gibt es immer wieder in der katholischen Kirche Jesu Christi; sie betonen den charismatischen Aspekt gegenüber dem institutionellen Aspekt in der Kirche des dreieinen Gottes.

3. In der römisch-katholischen Kirche zählt neben den ‚movimenti' u. a. die katholische Charismatische Bewegung dazu, die – im Unterschied zu den ‚movimenti' – eine nicht aus der römisch-katholischen Kirche selbst erwachsene Bewegung ist.

3.1. Mit den typisch charismatischen Lebensäußerungen ist die katholische Charismatische Bewegung als Erneuerungsbewegung und als Ausdrucksform der Verwirklichung und Spiegelung des römisch-katholischen Selbstverständnisses integriert in die römisch-katholische Kirche.

3.2. Die römisch-katholische Kirche gibt darum durch das Lehramt die Kriterien für die ‚Unterscheidung der Geister' vor.

---

[23] Ebd., Nr. 8; „Ut unum sint", 15-17, 21-27.

3.3. Die Charismatische Erneuerung ist als römisch-katholische Charismatische Bewegung mit ihren besonderen geistlichen Erfahrungen hingeordnet auf die römisch-katholische Kirche und eingebunden in die Ordnung des Lehramtes und der Amtshierarchie. Die außerordentlichen Charismen wie „Geisttaufe", „Prophetie" und „Heilung" sind demnach im vor- und außersakramentalen Raum kirchlicher Sakramentalität verortet.

4. Die römisch-katholische Charismatische Bewegung, die wie die ‚movimenti' u. a. ökumenische Gemeinschaft pflegt, gestaltet sich somit nicht als transkonfessionelle Bewegung. Sie ist für Erneuerung und Evangelisierung innerhalb der römisch-katholischen Kirche angesiedelt.

5. Im Sinn der geistlichen Unterscheidung weist die römisch-katholische Kirche auf pastorale Gefahren pfingstlerisch-charismatischer Erfahrungen hin; sie betont weiter die Grenzen und Abgrenzungen von „Power"-Phänomenen und von der Verselbständigung der außerordentlichen Charismen in der sog. ‚dritten Welle', die in z. T. polarisierender Weise gegenüber den sog. ‚großen' Kirchen und den Freikirchen durch die Gründung „freier Gemeinden" und „Zentren" Parallelstrukturen aufbauen. Diese stellen heute eine besondere Herausforderung an Gemeinden und Kirchen zu Dialog und ökumenischer Verantwortung dar.

6. Zugleich pflegt die römisch-katholische Kirche seit dreißig Jahren auf internationaler Ebene den Dialog mit einigen Pfingstkirchen und deren Leitern. Nicht bloße Koexistenz, sondern Kooperation im „gemeinsamen Zeugnis" wurde verabredet.

7. Für die verschiedenen komplexen Beziehungen der römisch-katholischen Kirche zu den pfingstlerisch-charismatischen Bewegungen haben das „gemeinsame Zeugnis" der sich in Jesus Christus bewahrheitenden Wahrheit und der „geistliche Ökumenismus" konstitutive Bedeutung. Seine Mitte und Grenze erfährt er im römisch-katholischen Selbstverständnis, Kirche Jesu Christi „im eigentlichen Sinn" zu sein.

8. Mehr noch als für die evangelischen Kirchen[24], die vielförmige Gestalten der im Evangelium gründenden Kirche des

---

[24] Vgl. Zimmerling 2001, 390 ff.

dreieinen Gottes darstellen, bedeuten die verschiedenen selbständigen Pfingstkirchen und die pfingstlerisch-charismatische Bewegung der sog. ‚dritten Welle' eine pneumatologische und ekklesiologische Herausforderung an die römisch-katholische Kirche, deren Zielvorstellung – im Glauben an die Fülle der Heilselemente in ihrer sichtbaren Gestalt – die Integration ist.

Literatur

Norbert Baumert, Hg. (1987): Jesus ist der Herr. Kirchliche Texte zur Katholischen Charismatischen Erneuerung, Münsterschwarzach

Baumert, Norbert; Bially, Gerhard, Hgg. (1999): Pfingstler und Katholiken im Dialog, Düsseldorf

Christenson, Larry: (1989): Komm heiliger Geist. Informationen, Leitlinien, Perspektiven zur Geistlichen Gemeindeerneuerung, Neukirchen-Vluyn

Föller, Oskar (1997): Charisma und Unterscheidung, Wuppertal/Zürich 1997, 3

Hempelmann, Reinhard (1993): Charismatische Bewegungen und neue Gemeindegründungen, in: Materialdienst der EZW 56 (1993), 129-137

Ders. (1996): Der Segen von Toronto, in: ThBeitr 27, 1996, 99–115

Hollenweger, Walter J. (1997): Charismatisch-pfingstliches Christentum Herkunft, Situation, ökumenische Chancen, Göttingen

Mc Donnell, Kilian, Hg. (1980): Presence, Power, Praise. Documents on the Charismatic Renewal I – III, Collegeville/Min.

Meyer, Harding; Papandreou, Damaskinos; Urban, Hans Jörg; Vischer, Lukas, Hgg. (2004): Dokumente wachsender Übereinstimmung. Bd. III, Paderborn

Mühlen, Heribert, Hg. (1982): Dokumente zur Erneuerung der Kirchen, Mainz

Ratzinger, Joseph Kardinal (1988): Kirchliche Bewegungen und ihr theologischer Ort, in: Internationale katholische Zeitschrift „Communio" 27, 1988, 431-448

Spornhauer, Dirk (1999): Zur Ekklesiologie Neuer Gemeinden in Deutschland, in: Materialdienst des Konfessionskundlichen Instituts Benheim, 50 (1999), 3-8

Zimmerling, Peter (2001): Die charismatischen Bewegungen. Theologie, Spiritualität, Anstöße zum Gespräch, Göttingen

DIE PFINGSTBEWEGUNG
IM WELTWEITEN KONTEXT

Andreas Heuser

Die Zähmung des Satans: Erscheinungsformen der afrikanischen Pfingstbewegung

Einführung

Im 20. Jahrhundert vollzogen sich bekanntlich zwei herausragende religionsdemographische Trends: Zum einen verlagerte sich das christliche Gravitationszentrum von der nördlichen in die südliche Hemisphäre. Zum anderen wurde diese seismische Verlagerung beschleunigt durch die globale Verbreitung von charismatischen und Pfingstkirchen insbesondere in den letzten vier Jahrzehnten. Diese repräsentieren aufgrund ihres gegenwärtigen Wachstums die dynamischste sozio-religiöse Bewegung weltweit. Wir stehen vor dem erstaunlichen Prozess einer kirchlichen Ausbreitung, den es in dieser Reichweite, wie Walter Hollenweger, Doyen der Erforschung von pentekostaler Theologie, kommentiert, „noch nie in der gesamten Kirchengeschichte" gab.[1] Statistisch genauer besehen, handelt es sich bei der Pfingstbewegung um ein Phänomen der sogenannten „Dritten Welt". Hier – ungeachtet ihres unbestrittenen Stellenwertes in Nordamerika –, in den Ländern Lateinamerikas, Asiens und nicht zuletzt im subsaharischen Afrika schlägt der Puls der Bewegung.[2]

Die statistischen Angaben über pentekostale Kirchenzugehörigkeit sind von einem ‚Geist der Euphorie' getragen. Al-

---

[1] Hollenweger 2001, 17. Die Pfingstbewegung dürfte derzeit ca. 30 % der Weltchristenheit ausmachen.

[2] Der Anteil aller Varianten der südlichen (als „nicht-weiß" kategorisierten) Pfingstkirchen liegt bei etwa 70 % der weltweiten Pfingstbewegung (laut Barrett/Johnson 2002, 23). Einen Überblick über die verschiedenen Stränge der weltweiten Pfingstbewegung liefert Hollenweger 1997.

lerdings ist die Statistik gerade auf Afrika bezogen umstritten, weil sie gänzlich unterschiedliche – und in nicht wenigen Fällen entgegengesetzte – Stränge innerhalb der afrikanischen Kirchenlandschaft umfasst. Das Zahlenspiel aber ist durchaus als Trendaussage zu verstehen und bestätigt das unerhörte Gewicht der afrikanischen Pfingstbewegung. Das Anliegen dieses Artikels besteht darin, ein Porträt der afrikanischen Pfingstbewegung vorzustellen, das ihre Dynamik aus ihren afrikanischen Wurzeln heraus zu verstehen sucht. Die pentekostale Spiritualität rückt damit in den Vordergrund. Vielfach jedoch wird eine These geäußert, die das Wachstum der afrikanischen Pfingstbewegung primär an sozio-ökonomische Kategorien knüpft. So fließt etwa in die Aufstellung der statistischen Daten eine implizite These ein, die die Pfingstkirchen als vorwiegend städtisch sieht und stärker verankert in sozialen Unterschichten. Die afrikanische Variante der Pfingstkirchen gilt danach eher als eine Ausdehnung der nordamerikanischen Elektronikkirchen. Dahinter steckt eine religiöse Globalisierungsthese, nach der global agierende kulturelle Kräfte sich über lokale religiöse Ausprägungen lagern und deren Dynamik ersticken. Afrikanische Pfingstkirchen erscheinen darin als ein äußeres Phänomen, dessen Erfolg letzten Endes nicht auf afrikanischer *agency* beruht. Mit der Ausbreitung der Pfingstkirchen vermindert sich, im Umkehrschluss, afrikanische religiöse Kreativität.[3]

Im Folgenden kommen einige afrikanische Impulse zum Vorschein, die den Mutmaßungen dieses Globalisierungsdiskurses über ein afrikanisches Versagen widersprechen. Illustriert wird dies aus dem breiten Erscheinungsbild afrikanischer Pfingstkirchen am Umgang mit der Deutung des Bösen. In der Theologiegeschichte der Pfingstbewegung ist die Auseinandersetzung mit dem Bösen seit Anbeginn zentral. Während die klassische Pfingstbewegung die Mächte der Finsternis mit größerer Diskretion beschwor, hebt die jüngere Ausprägung der Pfingstkirchen sie deutlich hervor. Das Bewusstsein davon,

---

[3] Ogbu Kalu (2003) kritisiert solche Zugänge zum afrikanischen Pentekostalismus und sieht das grundlegende Profil afrikanischer Pfingstkirchen darin, die religiöse Landschaft aus eigenem Vermögen zu verändern.

dass das Leben fragil und ständig bedroht ist, äußert sich besonders eindringlich in afrikanischen Pfingstkirchen. Sie ringen in ihrem rituellen wie spirituellen Leben mit lebensverneinenden Kräften und Formen von Besessenheit, die sie als das Werk des Teufels und seiner Heerscharen kennzeichnen.

Pfingsttheologie – die Ergriffenheit von der Macht Gottes

Wer eine erste idealtypische Kennzeichnung der Pfingstkirchenbewegung nicht scheut, stößt auf eine bestimmte Frömmigkeitskultur, die ihrer Erfolgsgeschichte zu Grunde liegt. Im groben Vergleich mit abendländisch geprägter Kirchlichkeit setzt sich in der Pfingstbewegung des Südens ein Drang nach Glaubenserfahrung und nach Glaubenspraxis durch. Ihre Spiritualität akzentuiert die nicht-rationale Dimension von Religion. In der Frömmigkeitssprache von Pfingstlern – also in ihrer Eigendefinition – ausgedrückt, beglaubigen sie die erlösende oder Heils-Erfahrung des Heiligen Geistes. Die Ergriffenheit durch den Heiligen Geist äußert sich zum einen in unbedingter Nachfolge; zum anderen erweist sie sich in Manifestationen göttlicher Macht, die die Gegenwart des Reiches Gottes bezeugen. Daher legen Pfingstler ein hohes Gewicht auf die äußeren Glaubenszeichen – wie die Geistesgaben der Zungenrede, der Prophetie oder auch der Heilung –, die den inneren Glaubenszustand ausdrücken. Das vorrangige Drängen auf Erfahrungsdimensionen des Heiligen Geistes und die Manifestation spiritueller Gaben unterscheidet die „südlichen" von den klassischen westlichen Pfingstkirchen. Diese definieren sich im Duktus okzidentalen Christentums durchaus mehr über Orthodoxie, also über die doktrinäre Bedeutung von Glaubenszeichen wie insbesondere der Glossolalie.[4]

Die Beobachtung des erfahrungsbezogenen Grundcharakters der Pfingstbewegung hat zu einer der bemerkenswertesten Kehrtwenden in der theologischen Gegenwartsanalyse ge-

---

[4] In diesem Sinne folge ich einer Charakterisierung von Allan Anderson, einem südafrikanischen weißen Pfingsttheologen, der in Birmingham lehrt (vgl. Anderson 2001b, 84).

führt. Harvey Cox, ein US-amerikanischer Baptist ländlicher Herkunft, veröffentlichte 1965 seinen theologischen Jahrhundertbestseller „Stadt ohne Gott" (The Secular City). Cox verknüpft die Heraufkunft einer urbanen Zivilisation mit dem Zusammenbruch der traditionell verfassten Religion. Säkularisierung und Urbanisierung machen, so Cox, die Signatur der Zeit aus und lassen eine Ära der Religionslosigkeit heraufziehen. Er schloss die Studie mit der Behauptung, Religion und Metaphysik würden kein Comeback feiern. Drei Jahrzehnte später publizierte er ein weiteres Hauptwerk, mit dem er sich mit der globalen Erscheinung der Pfingstbewegung auseinandersetzte. In „Fire from Heaven" revidiert Cox 1995 die frühere Säkularisierungsthese und erkennt die gänzlich unerwartete Wiederkehr der Religion in der postmodernen Ära. In der Pfingstbewegung spürt er das eigentliche Laboratorium der postmodernen Religion auf und erkennt in ihr Frömmigkeitsformen einer „primal [primärreligiösen] spirituality". Primärreligiöse Züge finden sich in der pfingstlichen Spiritualität mannigfaltig. Beispielhaft kommen sie etwa in einem pentekostalen Gottesdienst zum Vorschein. Die pentekostale Liturgie ist bewusst informell, um eine emotionale Dichte der Geisterfahrung zuzulassen. Die Grundstruktur ermöglicht eine Atmosphäre, in der sich das Wirken des Heiligen Geistes im Gottesdienst entfalten kann. Schon die Einstiegsphase ist geprägt durch spontanes, oft lautes Einzelgebet in der Gemeinschaft. Auf die Gebetsphase folgt eine ebenso intensive Phase des Lobpreises, begleitet durch musikalische Expressivität mit Trommel, Gesang und Tanz. Es können spontane Formen der Prophetie auftreten, d. h. direkte Geisteingebungen, die während des gesamten Gottesdienstes nicht als störend empfunden werden, sondern im Gegenteil die Kommunikation mit Gott bedeuten. Die Verbindung mit Gott, die Intensität der Geisterfahrung kann sich ebenso in ekstatischen Momenten ausdrücken, in der zeitweiligen Weltentrücktheit der Gläubigen in Trance. Erst nach dieser langen Einstiegsphase erfolgt sozusagen der rational geleitete Teil mit Predigt, Kollekte und Einzelzeugnissen vor der Gemeinde. Auch diese liturgischen Abschnitte sind gekennzeichnet durch eine partizipative (dialogische) Struktur mit der ständigen Möglichkeit des Zwischenrufs, der Bestätigung einer Aussage durch einzelne Gemeindeglieder oder von Verhaltensweisen, die eine

Geistergriffenheit anzeigen.[5] Diese liturgische Rahmenstruktur ist charakteristisch für viele Pfingstkirchen und zielt prinzipiell darauf ab, der Geisterfahrung in Zungenrede, Prophetie, Visionen und Ekstase Raum zu geben. In Bezug auf unser Thema stellt Cox heraus, dass ‚primal spirituality‘ auf eine „afrikanische Form der weltweiten Pfingstbewegung" hinweist.[6] In welcher spezifischen Weise aber die afrikanische Religionskultur gegenüber anderen (wie z. B. der schamanistischen Koreas) zur spirituellen Wiederbelebung beiträgt, lässt Cox freilich unbeantwortet.

Afrikanische Profile der Pfingstbewegung

Während Cox die Zeitenwende noch in der geistesgeschichtlich modernen Begrifflichkeit von „Entmythologisierung" (Bultmann) und einer Sehnsucht nach Wiederverzauberung der Welt (in Anlehnung an Max Weber) ausdrückt, deutet der Schweizer Theologe Walter Hollenweger die Religiosität der Pfingstbewegung ausdrücklich aus ihrem ursprünglich afrikanischen Erbe. Nach Ansicht Hollenwegers repräsentieren die primären Religionserfahrungen des Pentekostalismus unmissverständlich die „black oral roots" der Bewegung. Er bringt immer wieder die afrikanischen Wurzeln zur Geltung und wertet sie gegenüber anderen, etwa die der unterschiedlichen europäischen Erweckungsbewegungen und die der katholischen, enorm auf. Die erfahrungsgeleitete pentekostale Religiosität sei in Grundzügen bereits in der afro-amerikanischen Religion der Sklaven in den Südstaaten des 19. Jahrhunderts angelegt gewesen. Als spezifisch afrikanisches Vermächtnis benennt Hollenweger eine narrative Theologie und eine Spiritualität, die zu oraler Liturgie neigt, den Bekenntnischarakter des Glaubens, eine größtmögliche Partizipation der gesamten Gemeinde am gottesdienstlichen Leben, die Einbeziehung von Visionen und persönlichem Traumerleben in das öffentliche Glaubenszeugnis sowie eine hohe Sen-

---

[5] Einen hervorragenden Einblick in das Gottesdienstgeschehen einer afrikanischen Pfingstkirche bietet Asamoah-Gyadu 2002.
[6] Cox 1995, 246.

sibilität für das Zusammenspiel von Körper und Geist im Vollzug des Glaubens, wie es sich etwa in Heilung allein durch Gebet äußert. Ausgestattet mit diesem Inventar und noch dazu verstärkt durch die „Freiheit des Geistes", von der Pfingstler angesteckt sind, seien Pfingstkirchen seit jeher befähigt, hohe Anpassungsleistungen an lokale Kulturen zu vollziehen. In dem Vermögen, immer wieder neue religiöse Ausdrucksformen aus den unterschiedlichsten Kontexten heraus freizusetzen und sich zugleich einer globalen Bewegung zugehörig zu fühlen, liegt, folgt man Hollenweger, das treibende – und letztlich afrikanische – Motiv der erstaunlichen Ausbreitungsgeschichte der Pfingstkirchen.[7]

Ungeachtet des von Hollenweger unentwegt beanspruchten theologischen und religionsphänomenologischen Vermächtnisses afrikanischer Kultur, liegen jedoch im Vergleich zu anderen Weltregionen bislang nur ungenügende Detailstudien zu afrikanischen Pfingstkirchen vor.[8] Greifen wir die Problematik kirchenstatistischer Erhebung auf. In der Tat hat sich auf dem afrikanischen Kontinent mit der nigerianischen ‚Deeper Life Bible Church' die zweitgrößte Pfingstkirche weltweit entwickelt. Zudem lässt ein Blick auf die statistische Bestandsaufnahme, die am zuverlässigsten das verfügbare Datenmaterial zusammenstellt, in der afrikanischen Pfingstbewegung ein numerisches Schwergewicht erahnen. Der 2001 von Barrett/Johnson vorgelegten ‚World Christian Encyclopedia' zufolge zählten sich 126 Millionen Menschen in Afrika zu sogenannten ‚Geistkirchen' (‚Spirit Churches'), wie darin Pfingstkirchen insgesamt klassifiziert werden. Das Autorenpaar gruppiert damit Pfingstler mit Charismatikern und Neo-Pfingstlern zusammen. Mithin greift die ‚World Christian Encyclopedia' auf eine kirchengeschichtliche Einteilung zurück, die weithin geteilt wird. Übereinstimmend beobachtet man drei historische Wellen der Pfingstkirchen:

---

[7] Vgl. Hollenweger 1997, 18-80.
[8] Als Ausnahme können die Studien von Gifford (vgl. vor allem Gifford 1998) und Anderson (2001a) gelten. Olupona (2002) stellt die diversen Traditionen der afrikanischen Pfingstkirchen dar. Corton/Marshall-Fratani (2001) legen eine hilfreiche vergleichende Darstellung der lateinamerikanischen und afrikanischen Pfingstbewegung vor.

a) die klassischen Pfingstkirchen, entstanden zu Anfang des 20. Jahrhunderts in Nordamerika, gefolgt von

b) einer weiteren kirchlichen Erneuerungswelle innerhalb der früheren Missionskirchen, die in die 1960er Jahre datiert und als charismatische Bewegung kategorisiert wird, und schließlich die dritte Welle von

c) über-denominationalen Neo-Pfingstkirchen, die in Afrika vor allem seit den 1980er Jahren ins Rampenlicht treten.

Die Tendenz weist auf ein unverhältnismäßig schnelles Wachstum der neo-pfingstlerischen Kirchen und Gemeinschaften der ‚Dritten Welle‘ hin. Weltweit zählt Südafrika zu den drei Staaten mit den größten Zuwachsraten an Gläubigen in Pfingstkirchen. Kategorisiert man die vorliegende Statistik auf einzelne Regionen hin, führt das südliche Afrika (in folgender Reihung: Simbabwe, Südafrika, Swaziland, Botswana) zudem beinahe als ein gemeinsamer Block die Liste der Staaten mit der höchsten Dichte an Pfingstkirchen an. Mit Nigeria und Ghana bildet sich ein kleinerer westafrikanischer Staatenblock heraus, in den allerdings Kongo-Zaire und Kenia hineinragen.[9]

Bereits ein oberflächlicher Blick auf die einzelnen Staaten lässt den Rückschluss zu, dass das Wachstum von Pfingstkirchen in Verbindung steht mit teilweise dramatischen Veränderungen der politischen Kultur eines Landes. Der Blick auf Südafrika mag als erste Illustration genügen: In Südafrika erfolgte in den 1990er Jahren der Übergang von dem politischen (Unrechts-)System der Apartheid in eine anti-rassistische Demokratie. Die Attraktivität der Pfingstkirchen begleitet gleichsam den Systemwandel in Südafrika. Sie sind offenbar schneller als die sogenannten historischen Kirchen, die aus ehemaligen Missionskirchen hervorgegangen sind, in der Lage, die vordem streng getrennten Bevölkerungsgruppen im kirchlichen Leben zu vereinen. Mir scheint, dass ein besonderer theologischer Impuls vielen Menschen zum einen die Möglichkeit eröffnet, das Gedächtnis an die bedrückende Vergangenheit der Apartheid abzustreifen; zum anderen aber Per-

---

[9] Vgl. neben Barrett/Kurian/Johnson (2001) und dem ‚Annual Statistical Table on Global Mission‘ (Barrett/Johnson 2002), vor allem die Angaben bei Gerloff, in: RGG IV.

spektiven erschließt, sich der neuen Zeit unbelastet anzuvertrauen. Einen solchen Doppelimpuls vermittelt die pentekostale Überzeugung der „Neuen Geburt" oder das ‚Born-Again'-Ereignis. Die ‚Neue Geburt' meint ein einschneidendes Konversionserlebnis, das sich in der Geisttaufe ausdrückt und durch die nachgelagerte Wassertaufe vor der Gemeinde bezeugt wird. Vielfach wird die Gabe der Zungenrede als das primäre äußere Zeichen der Geisttaufe angesehen.

Die ‚Born-Again' empfinden sich als die „neu geborene Gemeinde Gottes", in Südafrika als ‚bazalwane' bekannt, die sich auszeichnet durch ihren Gemeinschaftssinn oder besser gesagt, ihre gemeinschaftliche Identität. In Südafrika lässt sich aus meiner Beobachtung eine Doppelbewegung feststellen: Zum einen wechseln vielfach Christen, die vormals in das Apartheid-System in tragender Rolle – häufig im ehemaligen Sicherheitsapparat – eingebunden waren, zu einer Pfingstkirche. Zum anderen bildet sich in den Trägerkreisen der Pfingstkirchen Südafrikas eine prosperierende wie urbane soziale Mittelschicht heraus, die sich klar am westlichen Lebensstil orientiert. Darin könnte man eine theologische Vorrangstellung des ‚Prosperity Gospels' ausmachen, der für nordamerikanische Pfingstkirchen signifikant ist. Kennzeichnend ist hier das Streben nach individuellem materiellen Wohlstand, der als Zeichen eines Gott gefälligen Lebens gilt. Die ‚Born-Again' verstehen sich in beiden Fällen als Auserwählte Gottes, die nun dazu berufen sind, Zeugnis abzulegen von ihrer Errettung aus der sündhaften Welt durch die Kraft des Heiligen Geistes. Als Wiedergeborene beanspruchen sie, die Standards des sozialen Wandels zu setzen, den die neue Gesellschaftsform einschlagen soll.[10]

Der Seitenblick auf Länder wie Kongo-Zaire, das von akutem Staatszerfall bedroht ist, weist auf andere funktionale Stärken der Pfingstbotschaft hin: Sie motiviert offenbar Menschen in beängstigenden Lebenssituationen, sich personal und psy-

---

[10] In Anlehnung an Webers These von der reformatorischen Ethik der Akkumulation setzt der ‚Prosperity Gospel' mit seiner ausgesprochenen Betonung und Legitimation äußeren Wohlstands, überspitzt gesagt, die Staatsideologie der Apartheid, die calvinistisch-reformierte Prädestinationslehre, fort.

chisch zu stabilisieren; sie bietet Heimat und emotionale Wärme in einer Gemeinschaft inmitten des gesellschaftlichen Zusammenbruchs, und schließlich verlangt die Botschaft der Erlösung von den Übeln der Welt nach bestimmten Verhaltensregeln und kennt Sanktionen im Falle von Regelverstößen. Die Erfahrung des Heils ist durchströmt von der alles überbietenden Macht des Heiligen Geistes, die in einem gottesdienstlichen Fest des Lebens gefeiert wird. Pfingstkirchen behaupten und zelebrieren eine dynamische Errettung, die bedrückende Lebenserfahrungen umwandelt in die Ermächtigung zu einem neuen Leben in Würde.[11]

Der statistische Zugang zum Phänomen der Pfingstkirchen in Afrika führt in diesem Sinn zum zentralen Topos der Heilung. Allerdings darf man nicht den Eindruck vermitteln, man hätte damit eine Kirchenbewegung vollständig erfasst. Die Vielgestaltigkeit dieser Kirchenbewegung entzieht sich gleichsam dem Bedürfnis, sie mittels statistischer Erhebungen zu strukturieren. Allein die hohe Anzahl von verschiedenen und sich immer neu entfaltenden Gemeinschaftsbildungen entzieht sich einer strengen typologischen Kategorisierung des pfingstkirchlichen Spektrums. Der quantitative Zugang ermöglicht gewisse Tendenzaussagen, zugleich aber unterliegt er der Versuchung, ein in sich pluriformes Kaleidoskop an Kirchenbildungen zu vereinheitlichen.

Schon rein äußerlich betrachtet fällt es nicht leicht, das „Pfingstliche" an den afrikanischen Pfingstkirchen auf einen Nenner zu bringen. Die Bewegung setzt sich aus wirklichen Megakirchen wie aus kleinen Hauskreisen und oftmals informellen Gemeindegruppen zusammen. Leitungsstrukturen, Evangelisierungsmethoden oder auch die Wechselbeziehungen mit den vorgängigen traditionalen Religionen und Kulturen variieren im Einzelnen voneinander. Die Unübersichtlichkeit wird noch gesteigert durch die Aktivitäten von Wanderevan-

---

[11] In der Forschungsgeschichte wurde die Stärkung personaler und sozialer Identität oft als Eskapismus bezeichnet, als eine Haltung der Weltflucht und der gesellschaftspolitischen Agonie (vgl. prominent Schoffeleers 1991, 1998 und die Diskussion dieser und verwandter Thesen in Heuser 2003, 285-296).

gelisten, die – gerade mit Blick auf Afrika – in überdimensionierten ,Kreuzzügen' zu Massenkonversionen mit der Forderung aufrufen, sich von bestimmten Elementen afrikanisch-religiöser Weltanschauung definitiv zu trennen, während andere Heilungspropheten eine sehr viel stärkere Kontinuität biblischer und afrikanischer Lebensweise verkünden. Ihre Botschaft ist häufig derart in den sie umgebenden religiösen und kulturellen Kontext eingepasst, dass es anderen Glaubensgeschwistern schwer fallen dürfte, in ihnen noch ein christliches Profil zu erkennen.

Die jährliche Statistik zum Status der globalen Mission (Barrett/Johnson) verrät diese gewisse Unsicherheit im Umgang mit Pfingstkirchen. Sie nehmen eine vorsichtige systematisch-theologische Kategorisierung vor und vereinheitlichen unter dem Stichwort der ,Independents' sowohl Pfingstkirchen (der verschiedensten historischen Prägungen) als auch Afrikanische Unabhängige Kirchen (AUK). AUK repräsentieren ihrerseits ein weites Spektrum an Kirchen, die als „äthiopische" oder „zionistische" Kirchen im südlichen Afrika bekannt sind, als „Gebets-" und „Geist-Kirchen" in Westafrika oder als „spirituelle" Kirchen in Ostafrika.[12] AUK heben durchaus ähnliche religiöse Phänomene wie Prophetie und andere Geistesgaben wie die der Glaubensheilung hervor. Diese strukturelle Ähnlichkeit hat zwei kirchengeschichtliche Ursachen: zum einen rekrutierten sich viele geistliche Führer der späteren afrikanischen Pfingstgemeinden in Fällen, wo AUK die älteren Kirchengebilde sind, aus der Anhängerschaft von AUK; in anderen Fällen sind beide Bewegungen zum Teil in einer Überschneidungsphase entstanden und bereicherten sich im wechselseitigen Austausch von theologischen Themen. Dessen ungeachtet verbietet sich die Vereinnahmung von AUK in den Reigen der Pfingstbewegung gerade aus historischen und theologischen Gründen: Ein theologischer Grund, warum sich Pfingstler von AUK absetzten, war die höhere Bewertung der Geisttaufe gegenüber der Wassertaufe, die in den

---

[12] Vgl. einführend etwa Kamphausen 1976, Becken 1985 und Heuser 2003.

meisten AUK eine zentrale rituelle Bedeutung einnimmt.[13] AUK gehen kirchengeschichtlich zudem auf afrikanische Initiative zurück und wurden von afrikanischen Propheten für eine vornehmlich afrikanische Mitgliedschaft gegründet. Sie rekrutieren ihre Mitglieder hauptsächlich aus Anhängern afrikanischer traditionaler Religionen und nicht aus den ehemaligen Missionskirchen. Ihre Anliegen beziehen sich daher weit stärker als in Pfingstkirchen auf afrikanische Kultur. Daher unterscheiden sich AUK von (den meisten) afrikanischen Pfingstkirchen durch ihre symbolische Struktur des kirchlichen Lebens. Dazu zählen äußere Kennungsmerkmale wie die eigentümlichen Kirchengewänder, eine spezifische Farbsymbolik in rituellen Objekten oder auch ein bezeichnendes Verständnis von religiöser Reinheit, das sich ausdrückt in ausdifferenzierten Heilungsvorgängen. Heilung wird erst effektiv, indem über die Gebetsheilung hinaus sakrale „Waffen" zum Einsatz kommen, die eine tragende Rolle im rituellen Heilungsgeschehen spielen, um Böses bzw. Krankheit abzuwehren. Zum Repertoire solcher „Waffen" zählen etwa gesegnetes Wasser, Apostelstäbe oder Kerzen mit wiederum unterschiedlicher Farbsymbolik und bestimmte Tanzaufführungen. Überdies bilden AUK eine kirchliche Leitungsstruktur aus, die stark von charismatisch-prophetischer Autorität bestimmt ist und die häufig in dynastischer Erbfolge weitergegeben wird. Nicht zuletzt lehnen sich AUK weit stärker als pentekostale Kirchen über die Heilungspraxis hinaus in Liturgie, Liedgut und dem Stellenwert oraler Traditionsbildung an afrikanische Religionen an. Im Selbstverständnis von Vertretern beider kirchlicher Richtungen kommt es daher zu scharfen Abgrenzungen voneinander, die in gegenseitigen Häresieverdacht einmünden. Namentlich in pentekostaler Rhetorik taucht in die-

---

[13] Darauf kann ich hier lediglich verweisen. Die elementare Bedeutung der Wassertaufe in AUK besteht darin, dass sie mit der Taufhandlung symbolisch die „Taufe der Weißen" abstreiften und sich damit erst die „Religion der Weißen" endgültig aneigneten. Erst mit dieser „rituellen Rebellion" entfaltete sich in vielen Ländern Afrikas das abendländisch geprägte Christentum zu einer afrikanischen ‚folk religion' (Näheres in: Heuser 2003, 167-175). Demgegenüber beleuchtet Maxwell (1999) das gemeinsame Entstehungsmilieu von AUK und Pfingstkirchen im südlichen Afrika.

sem Zusammenhang der Begriff der „Dämonisierung" von AUK auf, ein Begriff, der uns im Folgenden beschäftigen wird.[14] Insofern führt die statistische Erhebung theologisch weit auseinander liegende und unterschiedlichste kirchliche Profile unter derselben Metapher der „Pfingstkirchen" auf.

Lebensgefährdung und Heilung

Versucht man sich trotz aller Einwände an einer Zusammenschau der afrikanischen Pfingstkirchen aus einer theologischen und religionswissenschaftlichen Sicht, stellt sich als ihr herausragendstes Charakteristikum die Sehnsucht nach Heilung dar, nun allerdings in der Verbindung mit der Abwehr von satanischen Übeln. Nirgends sonst im Spektrum afrikanischer Religionen und Kirchen als in der Pfingstbewegung bilden Heilung und eine ausgeprägte Dämonologie die zwei Seiten derselben Medaille.[15] Es empfiehlt sich jedoch, den Zusammenhang dieser beiden Seiten thematisch getrennt zu entfalten.

Heilungszeugnisse, die in ihrem Duktus an die neutestamentlichen Jesuswunder gemahnen, spielen eine wichtige Rolle in der dramatischen Inszenierung von pentekostalen Evangelisierungskampagnen und in der Attraktivität der Bewegung für Außenstehende. Diese existentielle Dimension der pfingstlichen Spiritualität bezieht sich auf einzelne Menschen wie auf die Zerrüttung der Gesellschaft, in die sie eingebettet sind. Pfingstprediger verkündigen ein auf den Alltag bezogenes Evangelium, das sich auf praktische Bedürfnisse bezieht, auf Krankheit und Einsamkeit, auf Armut und Arbeitslosig-

---

[14] Vgl. Ogbu Kalu 2001. Anderson (2001b, 86-87) hingegen plädiert dafür, AUK und Pfingstkirchen – vielleicht um das afrikanische Gewicht der weltweiten Pfingstbewegung noch mehr zu erhöhen – in der einen Kategorie als „afrikanische Pfingstkirchen" zu verstehen.
[15] Auf die überragende Bedeutung des „Kampfes wider Satans Reich" in der Entstehungsgeschichte der klassischen Pfingstkirchen weist schon Hollenweger (1969, 427) hin. Die Abwehr des Dämons spielt außer in afrikanischen noch in lateinamerikanischen Pfingstkirchen eine hohe Rolle.

keit, auf böse Geister und Hexerei, die u. a. heraufbeschworen werden, wenn Einzelne durch ihre Migration aus der gewohnten ländlichen Umgebung in die städtischen und industriellen Zentren eines Landes überfordert sind. In den letzten Jahren erfährt die Pfingstbotschaft durch die epidemische Ausbreitung von HIV/AIDS und die gleichzeitige Überforderung nationaler Gesundheitssysteme einen nochmaligen Bedeutungszuwachs.

Mit der Zentralität von Heilung aber stehen Pfingstkirchen topologisch in einer Kontinuität mit afrikanisch-traditionalen Religionen. Viele afrikanische Gesellschaften waren und sind heilungszentriert und Heilungs- und Schutzriten gehören zu den elaboriertesten religiösen Zeremonien. Heilung in den Pfingstkirchen nimmt das Formenalphabet afrikanischer Riten in sich auf, denn es handelt sich gerade auch bei ihrer Praxis um „elementare Akte der Lebenserhaltung und Lebensgestaltung"[16]. In das Verständnis der Heilung ist der Begriff des Lebens verwoben. Der Begriff des Lebens umschreibt nach Sundermeier das „tiefenstrukturelle Symbol", aus dem sich die Interdependenz der verschiedenen Ebenen afrikanischer Religion und Weltanschauung entfaltet. Es legt das innere Angelegtsein des Lebens auf Steigerung und Bewahrung, auf die Möglichkeit und die Pflicht zur Entfaltung der Kräfte aus. Darum wird bereits die Bedrohung oder Minderung des Lebens besonders intensiv erlebt: „Schwäche und Krankheit werden in Afrika schon als Sterben empfunden", beleuchtet Sundermeier. „Im Wachsen dagegen, in der Vermehrung der Kräfte, wird der Lebenssinn greifbar."[17]

Die Grunddimensionen des afrikanischen Lebensverständnisses, die Steigerung und Stärkung der Vitalität sowie die Freisetzung schöpferischer Kräfte sind Drehpunkt der ethi-

---

[16] So Sundermeier (1992, 84) hinsichtlich einer generellen Charakterisierung afrikanischer Riten; vgl. auch Becken 1972.

[17] Sundermeier 1990, 205, 29. Die hier gebrauchten Termini „Religion" und „Weltanschauung" im Singular bestreiten keineswegs die Vielfalt der Erscheinungsformen afrikanischer Religiosität und entbinden nicht davon, sich der Diversität von Riten, Praktiken und Vorstellungen zu widmen. Sie lenken jedoch die Aufmerksamkeit auf gewisse Grundelemente afrikanischer Religion, die sich aus symboltheoretischen Ansätzen beobachten und auslegen lassen.

schen „Norm Afrikas", wie Rücker es nennt. Der nach Leben suchende Mensch „bildet den Schlüssel aller afrikanischen Hermeneutik".[18] Ausschlaggebend für die Potentialität des Lebens ist die Verbundenheit mit der Gemeinschaft. Das ethische Relevanzkriterium der Potentialität des Lebens erklärt ein sozial- und religionsgeschichtliches Phänomen, auf das der US-amerikanische Ethnologe James Fernandez hinweist. Nach Fernandez stießen, wann immer sich bewährte Sozialformen in Afrika aufzulösen begannen, wohlstrukturierte Heilungsbewegungen in das gesellschaftspolitische Vakuum vor. Sie griffen in die eruptiven Transformationsprozesse ein und wogen sie durch die von ihnen angebotenen alternativen Sinn- und Sozialsysteme auf.[19] In diesem Sinn stehen die afrikanischen Pfingstkirchen in einer historischen Verlängerung von afrikanischen Heilungsbewegungen. Damit die Vision des Lebens und der Heilung nicht verdüstert wird, erstreben alle diese Heilungsbewegungen, ihrem Gegenbegriff, dem Nicht-Leben – oder, wie es in pentekostaler Terminologie heißt: dem Bösen – den Boden zu entziehen.

[18] Rücker 1985, 149, 125. Rücker ist grundsätzlich beizupflichten. Erwähnt werden sollte, dass die Dimension des Lebens der ontologische wie erkenntnistheoretische Schlüssel zum Verstehen primärer Religionserfahrung ist (vgl. Sundermeier 1999, 35-36).
[19] Fernandez 1978, 210. Einige Hinweise und Illustrationen des Sachverhalts: Shorter (1985, 179) weist mit Blick auf den Südwesten Tansanias auf eine besondere missionschristliche Heilungsbewegung hin, die in Zeiten eines „verstärkten sozialen Wandels" im 20. Jahrhundert entstanden und transformiert worden war. In Südafrika fällt die Entstehungsgeschichte der AUK um die Wende des 19. und 20. Jahrhunderts zusammen mit einer damals neuen Form der Besessenheit durch Geister. Einige der AUK-Propheten erwarben sich den Ruf, diese Geister, die im Rahmen von Migration und Urbanisierung auftauchten, wirksam zu besänftigen (vgl. Heuser 2003, 280-285). Länger zurück reicht die afrikanisch-religiöse Erneuerungsbewegung der „Kinder des Hanfs", die auf dem Höhepunkt des ostafrikanischen Sklavenhandels im kongolesischen Zentralafrika in der Mitte des 19. Jahrhunderts aufblühte. Sie verbanden eine pazifistische Grundhaltung mit der Einführung eines gänzlich neuen Religionssystems mit Cannabis als heiligem Symbol (vgl. Fabian 2001, 206-222).

In afrikanischen religiösen Vorstellungen gehört die Auseinandersetzung mit lebensverneinenden Kräften zum Lebensverständnis. Es ist ein Alltagswissen, das in der Theologie verankert ist, da es Gott ist, der mit dem Leben auch den Tod in die Welt gebracht hat. Die Verneinung des Lebens ist damit zunächst nicht grundsätzlich wertbehaftet wie etwa im europäischen Verständnis des Bösen. Sie drückt lediglich die Ambiguität des geschöpflichen Menschseins aus, das leben will und doch von Tod, Übel, Verderben umgeben ist. Die Dynamik des Lebens hält schlicht zersetzende Kräfte bereit, die Leben bedrohen, ihm zuwider laufen. Die Erfahrung, dass Leben immer wieder vor dem Untergang steht, kann den abnormalen Zustand der Gesamtgesellschaft wie den eines Einzelnen bezeichnen. Solche Disharmonie wird generell als Heimsuchung durch „Böses" verstanden: „Das Böse ist eine anthropologische Wirklichkeit, nicht mehr und nicht weniger."[20]

Doch bleibt es nicht bei der stillen Akzeptanz der Umstände, die das soziale Zusammenleben oder die Erhaltung des Lebens stören. Die Wirklichkeit ist auf die Vitalisierung des Lebens angelegt. Um nun ein gesellschaftlich und individuell ausbalanciertes Ordnungsgefüge zu restituieren, bedarf es entsprechender Ausgleichsmaßnahmen. Bezogen auf eine Einzelperson kommt es darauf an, lebensbehindernde Aspekte zu kontrollieren, indem man sie befriedet und damit gleichzeitig für den Fluss der Lebenskräfte wieder öffnet. Entsprechendes gilt für den Bereich des sozialen Zusammenlebens. Insofern zählt die Harmonisierung von Konflikten im sozialen und politischen Bereich zum Gesamtmuster afrikanischer Ethik. Ihr Anliegen ist es, den Umgang mit destruktiven Einflüssen zu koordinieren, die Faktoren auszusondern, die eine gedeihliche Lebensgestaltung in kommunaler Partizipation hemmen. Afrikanische Religion ist in ihrer idealtypischen Anlage schlechterdings eine „Versöhnungsreligion"[21]. Als Maxime ethischen

---

[20] Sundermeier 1990, 223.
[21] Zur begrifflichen Kategorisierung von „Versöhnungsreligion" und „Erlösungsreligion" vgl. Sundermeier 1999: Kapitel 3.

Handelns kann deshalb auch, folgert Rücker, „die vollendete Heilung allen Unheils in den Wirklichkeitsbeziehungen charakterisiert werden".[22]

Versucht man die Träger des Unheils oder des Bösen ausfindig zu machen, stößt man auf den Menschen. Ein Böses an sich gibt es zunächst einmal nicht, sondern immer nur im Wirkungsgeflecht mitmenschlicher Beziehungen, die als zerrüttet, als gestört erfahren werden – „das Böse existiert nicht ohne den Menschen". Sei es, dass er es ist, der „die Folgen zu tragen hat, nicht nur die anderen, denen er Böses zufügt".[23] Sei es, dass es bestimmte auserwählte Menschen gibt, die mit den Kräften des Bösen umzugehen gelernt haben. Sie gelten unter ihren Mitmenschen als Hexen und Zauberer. Sie sind von den Ahnen und oft gegen ihren eigenen Willen berufen und daher sozial nicht stigmatisiert. Allein durch ihre Fähigkeit sondern sie sich ab, mit den Ahnen zu leben. Unter deren unmittelbarem Einfluss zu stehen gilt als gefahrvoll. Ihre Kompetenz wird dann in Anspruch genommen, um die Warum-Frage zu klären, also um die Ursache von Unglück, wie z. B. unerwarteter Tod oder von Geistern erzeugte Krankheit, zu bestimmen. Auf diese Weise lösen sie bestehende Spannungen und stabilisieren das Leben Einzelner und das einer Gemeinschaft. Sie werden allerdings auch dann von Menschen in Anspruch genommen, um andere Mitmenschen aufgrund von Neid, Habgier und Eifersucht zu schädigen. Wichtig ist für unseren Zusammenhang, dass auch diese besonderen Personenkreise nicht als solche zu den Hütern des Bösen werden. Dies sind sie nur in Verbindung mit Mitmenschen und deren Wunsch, anderen Schaden zuzufügen.[24]

Eine neue Dimension in der Auffassung lebensgefährdender Kräfte in Afrika geht vorwiegend einher mit dem Erfolg christlicher Missionierung. Mit dem Import – speziell einer besonderen Form – abendländischer Christenheit tritt erstmals „das" Böse als eine unpersönliche Kategorie afrikanischer Weltanschauung in Szene. Dieses Böse an sich wird im Laufe

---

[22] Rücker 1985, 130.
[23] Sundermeier 1990, 224.
[24] Zur Einführung in die breite Literatur und zur Unterscheidung von Zauberern und Hexen sei auf Mbiti (1991, 153-173) verwiesen.

der Zeit mit dem Satan gleichgesetzt, also personalisiert. Eine solche Personalisierung negativer Lebenskräfte, die wir im Einzelnen noch besprechen, hatte durchaus Vorformen afrikanischer Herkunft. Sie trat etwa in Form von ‚witchcraft eradication movements‘ auf. Häufen sich unerklärliche Schicksalsschläge oder zeigt sich eine Gemeinschaft offenbar immun gegen alle rituellen Maßnahmen zur Harmonisierung des sozialen Lebens, kann es zu „Hexenverfolgungen" kommen. Solche Verfolgungen traten und treten besonders in sozialen Krisenzeiten auf, d. h. sie begleiten vielmals sozial tief gehende Wandlungsprozesse.[25] Die Pfingstbewegung in Afrika reiht sich m. E. in die Vielgestalt solcher ‚witchcraft eradication movements‘ ein, wie wir im Folgenden sehen werden.

‚Anti-witchcraft‘-Bewegungen sind und waren in jeder ihrer Erscheinungsformen populär und lassen eine Evolution in den Techniken der Hexenverfolgungen erkennen. Solche Änderungen werden nötig, wenn ausgefeilte Anti-Hexerei-Riten sich als unwirksam erweisen und kollabieren. Einzelne Kultelemente gehen aber in die rituelle Ausgestaltung des „Ausschnüffelns" von vermeintlichen Hexen in späteren Hexenverfolgungen ein, d. h. sie werden unter veränderten sozialen Vorzeichen synkretisiert. Beispielsweise werden Riten nicht mehr allein zur Eindämmung von Hexen angewendet, sondern umgewandelt in Segensriten für eine Dorfgemeinschaft. Solche rituellen Neuerungen verraten oftmals eine überregionale Herkunft oder gehen auf Einflüsse anderer Religionen zurück. In einem späteren Stadium fließt nun die Vorstellung von einem entpersonalisierten „Bösen" in die ‚witchcraft eradication movements‘ ein. In der Austauschbeziehung vorwiegend mit christlichen Vorstellungen nun kann dieses Böse eine Gestalt annehmen, nämlich die des Satans.[26]

---

[25] Vgl. Behrend/Luig 1999.
[26] Eingehend etwa beschreibt Fernandez (1982, 221-140) diese rituelle und weltanschauliche Evolution unter den Fang in Gabun. Das Aufkommen von ‚witchcraft eradication movements‘ ist seit der Wende des 19. auf das 20. Jahrhundert gut dokumentiert. Ritualmorde sind z. B. in Ghana ein dauerhaftes Phänomen. In jüngster Zeit, seit Mitte der 1990er Jahre, gibt es massive Hexenverfolgungen mit vielen Todesopfern im Nordwesten Tansanias und im Nordosten Südafrikas.

Religionsgeschichtlich ist afrikanischem Lebensverständnis der Glaube an den Satan fremd. Die Figur des Satans kam auf zwei Wegen in die Vorstellungswelt afrikanischer Religion. Der eine Weg verlief über den Kulturkontakt mit dem Islam, durch den schwarzafrikanische Gesellschaften den Satan als Glaubensgegenstand kennen lernten. Gleichwohl aber formte sich kein Dualismus heraus und der Teufel bildete keine Gegenmacht gegenüber dem Wirkungsbereich Gottes aus. Vielmehr spielt die Erscheinung des Teufels im Alltagsleben dieser Völker eine untergeordnete, wenn nicht beiläufige Rolle. Er gilt lediglich als eine der „zwiespältigen Schöpfungen" Gottes, wurde also einfach nur in den Gesamtbereich jener Kräfte, die der Entfaltung des Lebens widersprechen, integriert, ohne eine herausragende Gestalt anzunehmen und ohne spezifische rituelle Innovationen zu veranlassen.[27]

Der andere, nachhaltigere Weg verlief über die Wechselbeziehung mit dem abendländischen Christentum über die Missionsgesellschaften des 19. Jahrhunderts. Dies weist Birgit Meyer in Bezug auf die Norddeutsche Mission unter den Ewe im Osten Ghanas und Togos nach. Sie beschreibt in ihrer ethnologischen Feldstudie, dass die Vorstellung eines Teufels durch die Botschaft der frühen Missionare in die von ihnen ausersehenen Missionsfelder Einzug erhielt.[28] Bekanntlich ging die Gründung von Missionsgesellschaften im 19. Jahrhundert von pietistischen Kreisen und aus dem Milieu der Erweckungsbewegungen aus. Zu den theologischen Überzeugungen eines erheblichen Teils der Missionare auch der Norddeutschen Mission zählte der Glaube an die Gegenwart und die Wirkmächtigkeit des Teufels, gepaart mit einer antimodernen Haltung gegenüber der ansetzenden Industrialisierung in Deutschland. Diese Auffassung des Satans wurde übertragen auf die afrikanische Religion, der sie sich gegenüber sahen. Die ausgrenzende Hermeneutik des Glaubens an den Satan, die in Deutschland eine Distanzierung von sozialen Wandlungsprozessen bewirkte, fand nun Anwendung bei der Einordnung der vorfindlichen afrikanischen Religion. Im afrikanischen re-

---

[27] Nadel (1970, 13), mit Bezug auf die Nupe im mittleren Nordwesten Nigerias.
[28] Meyer 1999.

ligiösen Leben ortete man ein umfassendes „abergläubisches" Panoptikum aus „bösen Geistern", „Hexerei", „Zauberei", „Ahnenkult" und „Fetischen", kurz: afrikanische Religion wurde als Ganzes diabolisiert.

Um den Prozess der Konversion einzuleiten, so war die missionarische Überzeugung, wurde ein religiöser Machtkampf eingeläutet. Es durfte keine Möglichkeit für die künftigen afrikanischen Christen bestehen, sich positiv auf das Erbe ihrer Vorfahren zu beziehen. An dieser Stelle aber bahnte sich eine völlig unbeabsichtigte religionsgeschichtliche Dialektik an: Die Missionare stellten das Neue des christlichen Glaubens in Absetzung von der verteufelten afrikanischen Tradition dar, so dass die Person des Satans alle nur erdenkliche Beachtung fand. Das spirituelle Leben richtete seine Energien darauf, sich vor den Angriffen des Teufels und seiner heimtückischen Handlanger zu schützen. Die afrikanisch-religiösen Anschauungen wurden auf diesem Umweg zu einem integralen Bestandteil im Glaubensleben afrikanischer Christen. In Bezug auf das Leiden in der Welt standen in der Folge „Magie, Hexerei, Zauberei, Missbrauch mystischer Kräfte, das böse Auge, de[r] Fluch und die Geister" als Ursachen fest.[29] Schärfer gefasst: Der Satan und seine Helfershelfer, die die missionarische Predigt zur Bedeutungslosigkeit verdammen wollten, wurden zu einem strukturellen Element im christlichen Glauben von Afrikanern.

Kreuzzüge gegen die Heerscharen Satans

Das vermehrte Aufkommen von pfingstlerischen Gemeindebildungen lässt sich in vielen Ländern Afrikas, wie einführend kurz erwähnt, auf die 1980er Jahre datieren. Jetzt erst bricht sich vielerorts mit dem Neo-Pentekostalismus die sogenannte „Dritte Welle" in der nicht einmal hundertjährigen Geschichte der Pfingstbewegung Bahn.[30] Kennzeichnend für

---

[29] Mbiti 1987, 101.
[30] Vgl. Anderson 2001b, 94 und Gifford 1998, der das Wachstum von Pfingstkirchen in verschiedenen Ländern vergleicht; speziell für Ghana vgl. etwa Larbi 2001.

diesen dynamischen Aufbruch der Pfingstbewegung ist die überdenominationale Attraktivität neuer Pfingstkirchen, die durch technologisch unterstützte Massenevangelisierung mit bewirkt wird. Theologisch bedeutsamer noch ist die offene Kampfansage gegen das Walten des Satans. Paul Gifford, der die Ausbreitung des afrikanischen Neo-Pfingstlertums aus der Nähe beobachtet, stellt mit Besorgnis fest, dass dort in Predigt und Spiritualität „Satan deutlicher ins Zentrum des Christentums rückt als Christus".[31]

Wie erklärt sich diese veränderte Grammatik des christlichen Glaubens, die sich allmählich über die Denominationen hinweg durchzusetzen scheint? Während für viele afrikanische Christen Satan und das von ihm beherrschte Universum afrikanisch-traditionaler Geisterkräfte zum Glaubensleben dazu gehört, war dies in der offiziellen Theologie der ehemaligen Missionskirchen anders. Der theologische Diskurs vermied die Auseinandersetzung mit diesem volksreligiösen Bestandteil des christlichen Glaubens. Zwar wurde nach wie vor der „Satan" benannt, wenn es darum ging, die Übel der Welt zu bezeichnen und auch, um den zählebigen Fortbestand afrikanischer Traditionen zu denunzieren. Deren Kennzeichnung als „satanisch" aber verhinderte gleichsam eine eingehendere Würdigung des Erbes der afrikanischen Religionen. Man erspürte allerorten ihre Wirkmacht und scheute sich dennoch davor, afrikanisch-traditionale Religiosität als Anfrage und Herausforderung an seelsorgerliches Handeln zu akzeptieren. Diese theologische Lücke füllen nunmehr die Neo-Pfingstler aus.

Einer ihrer Großmeister und der eigentliche Erfinder ihrer groß angelegten Evangelisierungskampagnen ist Reinhard Bonnke. Der 1940 in Königsberg (Ostpreußen) geborene Bonnke ist ohne jeden Zweifel der bekannteste deutsche Theologe auf dem afrikanischen Kontinent. Er steht der neopfingstlerischen ‚Christ for All Nations' vor, die ihren Hauptsitz in der Nähe von Frankfurt am Main hat. Von kontinentaler Berühmtheit sind seine „Kreuzzüge" für Christus geworden, die er seit Anfang der 1980er Jahre in vielen Ländern von

---

[31] Gifford 1998, 108. Der evangelisatorische Einsatz von Medien zeigt Ähnlichkeiten mit den US-amerikanischen *electronic churches* und wirkt besonders auf eine sozial mobile, junge und urbane Generation.

Südafrika bis Äthiopien und Nigeria durchgeführt hat. Der theologische Widerhall auf seine Großevangelisationen begründet sich auch durch die klare Abwehrhaltung gegen die jeweils vorfindliche afrikanische traditionale Religion.[32]

Charakteristisch für Bonnke ist die eruptive Sprache, mit der er das Bekenntnis zu Christus mit der unwiederbringlichen Absage an alles vermeintlich Satanische in der Welt verbindet. Dieses Teufelswerk wird in seinen Predigten klar benannt als der Aberglaube der afrikanischen Kultur. In ihren Göttern und ihrer Geisterwelt wird der Teufel als Erzfeind des Menschen und seines Wohlergehens lokalisiert. Die Bekehrten werden aufgefordert, alle in ihrem Besitz befindlichen Gegenstände afrikanisch-traditionaler Herkunft, wie Amulette, Fetische, Gewänder, öffentlich zu verbrennen. Der Glauben, so Bonnke, setzt sich in Afrika auf dem „Schlachtfeld" gegen die aufgebotenen „Heerscharen" des Satans durch. „Entweder wir erkennen [das Evangelium] an oder wir gehen zugrunde. Wenn wir das begreifen, [...] dann stoßen wir zu der Armee, die die durchschlagendste Kraft besitzt: das Wort vom Kreuz. Es zermalmt die Festungen des Teufels zu Staub. Es ist der rührende Trommelwirbel der marschierenden, unbesiegbaren Armee Gottes."[33]

In Bonnkes Predigten wird alles, was sich seiner Evangelisierungsabsicht entgegenstellt, und alle, die seine „Kreuzzüge" kritisieren, mit dem Verdikt belegt, mit dem Teufel im Bunde zu stehen. Dies bewirkt rigorose Kampagnen unter dem Vorzeichen einer ‚spiritual warfare'. Einige Pfingstkirchen haben sehr populäre Gebetsgruppen gegründet, die als ‚Bombing Groups' gegen Satan und seine Agenten auftreten. Die Kampfansage richtet sich gegen die religiöse Kultur afrikanisch-traditionaler Prägung, aber auch gegen das rituelle Leben von AUK, die gleichermaßen als „dämonische Eingangstore" denunziert werden.[34] Wir brauchen nicht weiter

---

[32] Dies betrifft freilich auch alle anderen in Afrika heimischen Religionen, weshalb es regelmäßig zu ernsthaften Zwischenfällen gerade in islamisch geprägten Regionen kommt. Zur Theologie Bonnkes liegt nun mit Kürschner-Pelkmann (2002) eine erste Interpretation vor.
[33] Zitiert nach Kürschner-Pelkmann 2002, 24.
[34] Wie in der ghanaischen Church of Pentecost (vgl. Asamoah-Gyadu 2002, 42).

auszuholen, um festzustellen, dass die neo-pfingstlerische Vorstellung des Satans auf eine aggressive und konfrontative Redeweise zurückgreift. Dadurch wird die Wirklichkeit des Teufels im Vergleich zur ersten Generation des gegen-aufklärerischen Missionschristentums noch einmal mehr polarisiert, mit dem der Satan nach Afrika einwanderte. Was Bonnke als Konfrontation des Reiches Gottes mit dem Reich des Bösen in grobschlächtiger Rhetorik zeichnet, wird von pfingstlichen afrikanischen Christen in das Formenalphabet afrikanischer Religion übersetzt. Was Außenstehende z. B. als grobe Kategorie von „Ahnengeistern" identifizieren, wird von afrikanischen Pfingstlern semantisch nach Bedeutungsverschiebungen in der Nomenklatur afrikanischer Religion aufgefächert. Pfingstler absorbieren, sie bestätigen somit die älteren religiösen Vorstellungweisen, fassen diese aber in einen neuen Rahmen ein. Sozusagen wird das Reich der Ahnen, die Zwischenwelt zwischen Himmel und Erde, spirituell wie begrifflich bevölkert von einer Vielzahl unterschiedlicher Geistwesen mit je eigenem Charakter und Namen. In Gottesdiensten, in wöchentlichen Gebetsstunden und seelsorgerlichen Nachtgottesdiensten, in frommer Literatur etc. werden detailliert die verschiedenen Geistwesen aufgeführt, die als mögliche Ursache eines bestimmten Leidens oder einer bestimmten Besessenheit in Frage kommen. Auch die Antworten sind nicht allgemeiner Natur. Sie bieten konkrete Vorbeuge- und Schutzmaßnahmen an und verbinden sie, je nach Diagnose, mit rituell jeweils unterschiedlichen Behandlungsformen.[35]

Und erlöse uns von dem Bösen

Die neo-pfingstlerische Welle wird religionsphänomenologisch begleitet durch eine neue Ausdrucksform des Pentekostalismus. Sogenannte ‚deliverance'-Gottesdienste erweitern die bestehende Bandbreite pfingstlerischer Frömmigkeitsstile. ‚Deliverance' bezieht sich auf die ‚Vater Unser'-Bitte und lässt sich ins Deutsche nur ungenau als „Erlösung" übertragen. In den weiteren Bedeutungsvarianten von Aus- und Vertreibung

---

[35] Vgl. ausführlicher Meyer 1999, 175-180.

des Bösen, von Lossagung und Freisprechung von üblen Mächten wird ‚deliverance' nunmehr zu einem grundlegenden Element in der pfingsttheologischen Auseinandersetzung mit den Dämonen in der Welt. Um es zu paraphrasieren: Der ‚Born Again' muss unter allen Umständen davor bewahrt werden, ein ‚Burnt Again' zu werden.[36] Die Zentralität von ‚deliverance' rührt letztlich aus der binären Konstruktion des Alltags, nach der Pfingstler im Kampf der heiligen Sphäre des Göttlichen mit der zerstörerischen Macht des Satans stehen. ‚Deliverance' bezieht sich dann auf die Anfechtungen oder die Blockaden eines Christen durch Dämonen, die Gewalt über ihn erhalten, und beschreibt den Vorgang, diese dämonischen Ketten abzuwerfen.

Selbst ein überzeugter ‚born-again'-Christ kann blockiert sein, seinen Glauben auszuleben. Es ist die erklärte Pflicht eines Pfingstlers, Individuen – und in einem politischen Sinn selbst Nationen – durch ‚deliverance'-Handlungen von lähmenden Energien zu befreien und einen standhaften, wehrhaften Glauben zu formen. Allerdings sind die ‚Einfallstore des Satans' vielfältiger Natur. Da sich die jeweilige Person auf Grund der verführerischen Ausstrahlung von Dämonen meist nicht bewusst ist, von ihnen befallen zu sein, bedarf es der detektivischen Aufdeckung durch einige dazu eigens berufene Geistliche. Die Sehnsucht der Gläubigen nach ‚deliverance' hat in vielen pentekostalen Gemeinden zu einem Stand von religiösen Spezialisten geführt, die es vermögen, die Ursache einer dämonischen Besessenheit zu diagnostizieren. Ferner binden sie die negative Kraft, die schließlich von ihnen ausgetrieben wird. Die Vorstellung von Dämonen ist inzwischen allgegenwärtig in der populären Kultur vieler afrikanischer Staaten. Es hat sich ein eigenes Genre herausgebildet, das sich mit dem ‚mammonic spirit' befasst und die Wege beschreibt, auf denen Satan sich einer Person bemächtigt. Solche existentielle Dramen sind verstärkt seit Ende der 1980er Jahre in die visuellen Medien (TV, Film, Video wie auch das Internet) eingegangen. Indem Pfingstkirchen selbst solche Produktionen her-

---

[36] Nach einer Formulierung von Ogbu Kalu 2003, 102. Daher auch die große Sorgfalt, das Leben „zu heiligen" mit strengen Moralvorstellungen, intensivem Gebet, Fastenregeln oder der Ausgrenzung von Tabubereichen.

stellen und vertreiben, veranschaulichen sie ihre Heilsbotschaft von der Erlösung. Die Richtigkeit der Wortverkündigung erweist sich sozusagen bildhaft im erfolgreichen Kampf des Guten gegen dämonenhafte Gestalten, gefallene Engel oder körperlose Wesen. Dieser spirituelle Kampf erfreut sich ebenso großer Beliebtheit in der religiösen Literatur westafrikanischer Gesellschaften.[37]

Um die Mentalität solcher Bestseller zu erfassen, sei kurz die autobiographische Bekenntnisschrift des nigerianischen Pfingstlers Emmanuel Eni nacherzählt, die seit ihrem Erscheinen im Jahr 1987 einen nahezu „paradigmatischen Einfluss auf dem Kontinent"[38] ausübt. Er berichtet davon, dass die Frau, mit der er zusammenlebte, sich nachts in eine Schlange oder in einen durchsichtigen Körper verwandelte. Eines Tages findet er den Kühlschrank voller Schädel und Skelettreste, was den endgültigen Beweis erbrachte, dass sie aus einer ‚spirituellen Welt‘ stammte, die einen Blutzoll von irdischen Bewohnern forderte. Gleichwohl gelingt es seiner Freundin, ihn in ihre Aktivitäten einzubinden; er selbst findet nun seine Opfer unter Kindern und verzehrt selbst Menschenfleisch. Um sich zu ernähren, verwandelt er sich in verschiedene Tiergestalten und verursacht Unfälle und natürliche Katastrophen. Mit der Zeit avanciert er zu einem vorbildlichen Dämon, was mit einem persönlichen Treffen mit Satan belohnt wird. Doch dann erfolgt der Bruch: Ihm erscheint Jesus Christus, der ihn mit unüberbietbarer Macht, die jedem Abwehrversuch widersteht, aus dem Kreis der satanischen Helfer herauszieht.

Die mediale Verbreitung pentekostaler Spiritualität malt Wunderheilungen und Teufelsaustreibungen aus, sie verlebendigt apokalyptische Visionen und bekräftigt in alledem die Intervention des Göttlichen gegen die todverfallenen Mächte. Sie umschreibt den Einspruch des lebendigen Gottes gegen weltliches Leiden. Diese neue Dimension der Pfingstspiritua-

---

[37] Nigeria ist die Hochburg solcher Medienprodukte, denen man sich in Westafrika kaum entziehen kann. Sie sind allgegenwärtig in Videos während einer Busfahrt, im privaten Umfeld oder als tägliche ‚soap‘ im Fernsehen. Das renommierte „Journal of Religion in Africa" (JRA 33/2, 2003) widmet der Beziehung zwischen Medientechnologie und Pfingstkirchen ein eigenes Themenheft.

[38] Gifford 2000, 6. Hier findet sich auch eine Kurzfassung des Buches von Eni: Delivered from the Powers of Darkness (Lagos 1987).

lität geht auf einen sozialgeschichtlichen Kontext ein: die mit
Dämonen behaftete Wirtschaftswelt der ökonomischen Strukturanpassungsprogramme. Strukturanpassung war seit den
späten 1970er Jahren der Schlüsselterminus für den Internationalen Währungsfonds (IWF) und die Weltbank, um der
Entwicklungsmisere zu begegnen, in die die meisten subsaharischen Staaten geraten waren. Schon eine Generation nach
der enthusiastischen Welle der Entkolonialisierung fanden
sich dieselben Staaten erneut in einer ungeahnten Abhängigkeit von den beiden internationalen Kreditinstitutionen wieder: Um öffentliche Kreditwürdigkeit zu erlangen, fügten sich
diese Staaten den Forderungen von IWF und Weltbank, ihre
nationale Wirtschaftsstruktur nach uniformen (und in der
Ausrichtung neo-liberalen) Programmen umzuändern. Zu den
Maßnahmen der Strukturanpassungsprogramme gehörte die
bevorzugte Investition in den Ausbau makroökonomischer
Rahmenbedingungen (wie Infrastruktur) im Gegensatz zu sozialen Kriterien wie Bildung, Gesundheitswesen und gewerk-
schaftlichen Rechten der Arbeitnehmer. Mit anderen Worten,
es war mit der Annahme der Programme eine soziale Verarmung größerer Bevölkerungsschichten von vorneherein ein-
kalkuliert, in der Hoffnung, dass nach einer gewissen Über-
gangsphase ein volkswirtschaftlicher ,kick-off'-Effekt eintreten
werde, an dem nunmehr alle partizipieren würden. Allerdings
erfüllte sich dieser allgemeine Prosperitätseffekt nicht, vielmehr profitierte lediglich eine dünne Schicht von dem wirt-
schaftlichen Umbauprojekt. Dies beschleunigte jedoch seit
den 1990er Jahren eine Revision der Anpassungsmaßnahmen
zugunsten der bis dahin vernachlässigten sozialen Kriterien der
Armutsbekämpfung. Nach wie vor aber zählte zu den Kern-
forderungen dieser Strukturanpassung die weitgehende und
ungehinderte Öffnung der Binnenmärkte für internationale
Handelsprodukte. Die Öffnungsklausel der Strukturanpassung führte dazu, dass der einheimische Handel, der zuvor
durch nationalstaatliche Rahmenbedingungen abgesichert
war, dem ungeheuren Druck importierter Güter standhalten
musste.[39]

---

[39] Einen schnellen Zugriff auf die Problematik der Strukturanpassung in
Bezug auf Afrika bietet Menck 2002.

Im Zusammenhang der hier kursorisch dargestellten ökonomischen Strukturanpassung entwickelte nun das Motiv der ‚Erlösung‘ eine eminente theologische Dringlichkeit. Dabei bezog ‚Erlösung‘ ihre Plausibilität nicht, wie man vielleicht erwarten würde, unmittelbar aus den Tatbeständen der sozialen Verarmung, die mit der Umsetzung der Strukturanpassungsprogramme einhergingen. Es ging viel eher darum, die Internationalisierung des Marktes in einer erfahrbaren und praxisbezogenen Spiritualität – beides gehört zum unverwechselbaren Profil des pentekostalen Selbstverständnisses – auszudrücken und sich die neue, bislang unbekannte Warenwelt anzueignen. Die Erlösungsvorstellung der neo-pentekostalen Theologie bezog sich also weniger auf die sozialen Verwerfungen des Marktes und mündete nicht etwa in sozialethische Forderungen nach einer gerechten Wirtschaftsordnung ein. Die Pfingsttheologie der ‚Erlösung‘ bedeutet eine Variante des ‚Prosperity Gospels‘ US-amerikanischer Prägung. Sie verspricht individuellen Wohlstand durch die gefahrlose Aneignung der Waren zu sichern, indem sie die darin identifizierten „dämonischen" Kräfte bannt. Waren gelten mithin als ‚Fetische‘, in denen Geisterkräfte inkorporiert und wirkmächtig sind.[40]

In einer eingängigen Analyse weist Kamphausen auf den Zusammenhang von Warenfetisch, einem zentralen Begriff aus der Marx´schen Analyse der kapitalistischen Gesellschaft, und religiöser ‚Entfetischisierung‘ hin.[41] Danach ist der eigentliche Beziehungsort der Erlösungsgottesdienste der örtliche Markt, genau der Ort also, an dem die globale Warenzirkulation in den lokalen Verbrauch überführt wird. Bevor nun erstandene Güter guten Gewissens privat konsumiert werden können, bedürfen sie der spirituellen Reinigung. Wird dies unterlassen, so kann sich der ungeschützte Konsum fremder Güter lebensbedrohlich auswirken, denn jedes erstandene

---

[40] Kohl (2003) legt eine bemerkenswerte Geschichte sakraler Objekte vor. Darin begründet er die Herkunft der „Fetische", gemeinhin für eine althergebrachte Komponente afrikanischer Religion erachtet, in der volkstümlichen katholischen Spiritualität in Portugal zur Zeit der Reconquista im 15. Jahrhundert!
[41] Vgl. Kamphausen 2000, 89.

Marktobjekt behaust potentiell dämonische Geister, die sich Körper und Geist des Konsumenten bemächtigen können. Diese potentielle Gefahr für Leib und Leben wächst nur noch mehr durch den Fremdheitseffekt, dass die Herkunft der gekauften Waren durch ihre globale Zirkulation verschleiert wird.

Die in den Waren lauernden zerstörerischen Mächte können im sozialen Geschehen eines Gemeindegottesdienstes neutralisiert werden. Entgegen der bedrängenden Gefahr findet der Gottesdienst dabei in einer vergleichsweise unspektakulären Atmosphäre statt. In den Gottesdiensten wird in wenig ekstatischer Weise zu Bittgebeten aufgerufen, die häufig zumal als stilles Gebet der Kirchenmitglieder an den behütenden Gott gerichtet sind. Im Vorgang dieser Bittgebete werden die den Waren einwohnenden destruktiven Mächte entzaubert und die Gebrauchsgüter schließlich für den privaten Konsum geheiligt. Im Gottesdienstverlauf also verwandeln sich die mit Dämonen behafteten Waren in profane Waren, deren lebensfördernden Kräfte erst jetzt für den individuellen Verzehr und Gebrauch bereit stehen. Das Geschehen einer solchen ‚deliverance' bezieht sich demnach auf die Warenwelt selbst, auf die wirksame Reinigung der einzelnen Objekte von ihrer potentiellen Destruktivität. Es geht um die ‚Erlösung der Waren' aus einer fernen und in vielem zugleich fremden Kultur von dämonischen Mächten und die Verwandlung der in ihnen angelegten Ambivalenz in eindeutig Gutes, d. h. in Dinge, die der Mehrung und Förderung des Lebens dienen. Das Unbekannte steht damit der Identitätserweiterung im Kontext von globaler Vernetzung zur Verfügung und das potentiell Bedrohliche wird in Eigenes überführt. Mit ihrer liturgischen Neuerung von ‚deliverance' geben Pfingstkirchen ihren Mitgliedern einen spirituellen Rückhalt und eine Gewissheit, mit der Internationalisierung ihrer Volkswirtschaften umzugehen.

Während diese Form der ‚deliverance' die Transformation und die dinghafte Aneignung der Objekte des Welthandels betrifft, bezieht sich eine weitere Dimension von ‚Erlösung' auf die eigentlichen Agenten der Vermittlung von moderner globaler Ökonomie und lokaler Kultur, auf die Markthändler selbst. Gerade unter dieser sozialen Schicht finden sich viele Anhänger von Pfingstkirchen wieder, genauer gesagt handelt es sich vor allem um wirtschaftlich erfolgreiche Marktfrauen.

Und nun, da es nicht mehr primär um Dinge geht, sondern um Menschen selbst, steigert sich die Intensität der Erlösungsvorstellungen und der rituelle Rahmen von ‚deliverance' verdichtet sich merklich.

Die wirtschaftliche Prosperität Einzelner, an der nicht eine größere Gemeinschaft partizipiert, gilt als erklärungsbedürftig, und herausragender Wohlstand weckt die Begierde anderer, sich seiner zu bemächtigen.[42] Dies kann beispielsweise über ‚Schattenmärkte' geschehen, spiegelbildliche unsichtbare Märkte, auf denen Waren gehandelt werden, die wiederum in das sichtbare Marktgeschehen eingeschleust werden. Diejenigen, die mit diesen ‚verderbten' Waren in Berührung kommen, sind in ihrer Existenz bedroht. Da dies in erster Linie über die Marktstände der Händlerinnen und Händler geschieht, sind sie generell einer Dauergefahr ausgesetzt. Das Aufspüren solcher Gefahrengüter ist ein Anliegen der pentekostalen Theologen, die als einzig wirksame Gegenmacht gegen die unsichtbaren Angriffe aus der Spiegelwelt den Schutz durch den Heiligen Geist verkündigen. ‚Deliverance' befreit in Form von öffentlichen Gebeten und ausführlichen Sündenbekenntnissen vor allem Frauen zur unbeschwerten ökonomischen Praxis.

Es gibt jedoch auch eine pentekostale Betätigung in dem Vorstellungsbereich, der ökonomische Prosperität mit dem schwerwiegenden Verdacht belegt, diese sei nur auf eine Kooperation mit ‚satanischen' Mächten zurückzuführen. Wohlhabende Marktfrauen, heißt es, verwendeten bestimmte Handlanger des Satans wie die Schlange,[43] um die Warenzirkulation magisch zu ihren eigenen Gunsten zu beeinflussen. Damit wird die ökonomische Ungleichheit innerhalb der Schicht der Händlerinnen erklärt, wie auch die unterschiedlichen Kundenströme bei gleichem Produktangebot auf den

---

[42] Wo Teilhabe und Gemeinschaftsbezogenheit – beides konstitutiv zum Verständnis afrikanischer Ethik – verwehrt wird, wird das Prinzip „analogischer Partizipation" (Sundermeier 1990, 28) verletzt.
[43] Die Schlange deutet auf den Mami Wata Kult hin, der an der gesamten westafrikanischen Küste verbreitet ist (vgl. Kramer 1987, 213-232). Aufgrund überlappender Wirkungsgebiete steht er im Visier der pentekostalen Austreibung der Dämonen an herausragender Stelle.

Märkten. Pfingstprediger beanspruchen, solche satanische Komplizenschaft zu entlarven. Entscheidender aus ihrer Sicht aber ist zunächst, dass mit der Aufdeckung magischer Praktiken ein geistliches Motiv einhergeht. Ziel der ‚deliverance' ist die Herauslösung solcher Marktfrauen aus der Bindekraft satanischer Versprechungen von Luxus und Reichtum. Die teuflische Magie wirkt nämlich nur dann, wenn bestimmte Verhaltenskodizes und Tabus von den Frauen strikt eingehalten werden. Die Sorge der Prediger gilt dem langfristigen Wohlergehen der einzelnen Marktfrauen, denn die Verheißungen, machen sie glaubhaft, kehren sich auf dem vermeintlichen Höhepunkt des ökonomischen Erfolgs drastisch gegen sie und führen zu psychischen und physischen Katastrophen. Sie äußern sich beispielsweise in chronischen Krankheiten, in emotionalen Exzessen, Phobien, Fehlgeburten oder in Ehekrisen. Um Einzelne vor Verarmung oder vor seelischer Krankheit zu retten, sei es notwendig, die Persönlichkeit der Einzelnen zu stabilisieren, indem sie in das soziale Leben der christlichen Gemeinde integriert werden. Dies geschieht unter oftmals ausführlichen Berichten von geheimnisvollen Begegnungen mit der Welt Satans – in der Regel im nächtlichen Traum – und der öffentlichen Denunzierung der unlauteren Gier nach Ruhm und Erfolg. Da die Anfechtungen aufgrund der Glücksaussichten besonders nachhaltig sind und vielfach als Sucht beschrieben werden, kommen häufiger Exorzismusrituale zur Anwendung, um den Bann der Besessenheit zu lösen.

Diese Rituale verlaufen nicht einheitlich, sondern unterscheiden sich je nach Diagnose der genauen Besessenheitsursache. Im Vorfeld der Dämonenaustreibung kann die Ursache beispielsweise durch einen Fragebogen eingegrenzt werden, der sehr detailliert den Kontext und die genaue Form der Befallenheit eruiert. Im Idealfall werden die Ergebnisse in einem Team besprochen und die dämonische Quelle identifiziert. Der eigentliche Exorzismus findet danach manchmal in einem gesonderten Raum statt, wobei die Person oft auf einer Liege aufliegt und die Behandlung nur noch einem oder wenigen Spezialisten obliegt. Der schützende Raum füllt sich mit Gebet, das sich teilweise zu hoher Lautstärke emporschwingt und wieder abklingt. Unter Geschrei des Spezialisten und oftmals physischem Zittern des Körpers der exorzierten Person schließlich flieht der Dämon den Körper des Besessenen. In anderen Fällen spricht der Dämon durch die Person, von der er Besitz ergriffen hat und hält sie an, durch den Gottesdienstraum zu rennen. Nachdem die besessene Person eingefangen und still gestellt ist, wird ihr Un-Geist meist laut besprochen und beschimpft. In anderen Kirchen werden befallene Personen an den Körperstellen geschlagen, an denen der Sitz solcher Geisterwesen vermutet wird.[44] Im Anschluss daran findet die ganz undramatisch gestaltete (Wieder-)Eingliederung der Person in die Gemeinde statt. Sich einer Gemeinschaft der Glaubenden anzuschließen, ist keineswegs gleich bedeutend mit einer Entsagung der Händlerinnen vom Marktgeschehen; vielmehr bleiben sie bewahrt vor öffentlicher Stigmatisierung, und die Aura des Heiligen Geistes bietet ihnen den Schutzwall vor den erneuten Verlockungen der Handelsmagie.

Bringt man die verschiedenen Facetten unter eine Formel, dann widerspricht die hier vorgelegte Argumentation einer gängigen Entfremdungstheorie, wonach Pfingstkirchen die Religion der Armen repräsentierten. Anders als ein Deprivationsphänomen agieren Pfingstler im Sinne einer Modernisierungstheorie.[45] Sie bieten eine eigentümliche theologische Theorie der Globalisierung an. In den pfingstkirchlichen Angeboten der ‚deliverance‘ geht es um eine Rationalisierung der globalen Handelsbeziehungen. So befremdlich es auch vor den dramatischen Szenen von Sündenbekenntnissen, Geständnissen von moralisch verwerflichen Übertretungen der sozialen Normen und schließlich exorzistischen Aufführungen klingen mag, Pfingstler predigen den Genuss von Konsumgütern. Sowohl die Agenten des Handels wie auch der Warenkonsum werden von einem beständig einwirkenden Magnet ‚böser Mächte‘ befreit. Pfingsttheologen bannen damit die Gefahren

---

[44] Dies Letztere bezieht sich vor allem auf Heilungsriten der südafrikanischen sogenannten Zionistischen Kirchen (vgl. Oosthuizen 1992). Es lässt sich kaum vermeiden, auf den gewalttätigen Aspekt solcher Exorzismen hinzuweisen. Aus meiner eigenen Erfahrung als teilnehmender Beobachter an solchen Austreibungsakten waren alle Personen nach sehr kurzer Zeit – meist in Trance verbracht – wohlauf. Eine reiche Illustration von Besessenheitsritualen bietet die Schrift des ghanaischen Pfingsttheologen Aaron Vuha 1993, vgl. auch Gifford 1998, 98-99.
[45] Martin (2002) stellt einige dieser sozialtheoretischen Erwägungen zum Phänomen der Pfingstkirchen vor.

und Instabilitäten, die das Wirtschaftsleben bereithält, zumal in Zeiten einer ungehinderten Öffnung vormals geschützter Volkswirtschaften zum Weltmarkt hin. Sie begreifen sich als Boten einer Entzauberung unsichtbarer ökonomischer Konstellationen, die aus dem Bereich satanischer Anziehung in den schützenden Machtbereich des Heiligen Geistes geleitet werden. Auf diese Weise gemeinden sie das potentiell gefährliche Globale in das Lokale ein.

Ausblick

Die erstaunliche Wucht, mit der sich neo-pentekostale Kirchen in Afrika in Szene setzen, stellt für alle anderen Kirchentypen eine Herausforderung dar. Einerseits tritt zunehmend ein charismatisch-pentekostales Frömmigkeitsmilieu als normativ für christliches Glaubensleben auf. Andererseits bedroht die überkonfessionelle Reichweite der Pfingstbewegung die Einheit anderer Kirchen. Um es klar zu sagen: Das religiöse Bild in vielen afrikanischen Ländern verändert sich durch die pfingstkirchliche Sogwirkung gegenwärtig drastisch. Dies betrifft insbesondere ehemalige Missionskirchen, die in den letzten Jahren unter enormen kirchlichen Wanderungsbewegungen zu leiden haben. Teilweise spalten sie sich unter der Dynamik der theologischen Themen auf, mit denen sie ihre eigenen Mitglieder, die von der pentekostalen Welle erfasst wurden, konfrontieren.[46] In der entscheidenden spirituellen Frage, in der intensiven Auseinandersetzung um die Eindämmung der dämonischen Geister, die einstmals so engagiert unter ihren missionarischen „Kirchenvätern" verhandelt wurde, so scheint es, fehlt ihnen inzwischen das religiöse Feinvokabular.[47]

---

[46] Kamphausen (2000) stellt eine solche Kirchenspaltung in Ghana dar, andere Beispiele finden sich bei Gifford (1998). Übrigens sind AUK in einem sehr viel geringeren Ausmaß von dieser pentekostalen Präsenz betroffen, was ihre vermeintliche organisatorische Schwäche, die ihnen gerade von missionskirchlicher Seite oft nachgesagt wurde, widerlegt.

[47] Von hohem Aussagewert ist in diesem Zusammenhang, dass grundlegende Einführungen in die Theologiegeschichte Afrikas diese brennende theologische Perspektive totschweigen (vgl. nur Parratt 1991).

Völlig offen ist unser eigener theologischer Umgang mit diesem Aspekt pfingstkirchlicher Frömmigkeit, der auch unter einigen afrikanischen Migrationsgemeinden in Deutschland aufzufinden ist. Mit dem Stichwort der Migration erweitert sich die Blickrichtung auf mögliche Gründe für das rapide Anwachsen von afrikanischen Pfingstkirchen. Konzentriert haben wir uns in diesem Artikel auf eine religionsphänomenologische Betrachtung und sind auf die Vitalität des Satans in der pentekostalen Frömmigkeit gestoßen. Lediglich gestreift haben wir unter den vielfältigen Verbreitungsursachen afrikanischer Pfingstkirchen sozialwissenschaftliche Kriterien wie Industrialisierung, Urbanisierung oder lokale Auswirkungen der Globalisierung. Unter den diversen politischen Rahmenbedingungen wurden Transitionsphasen von politischen Systemen angedeutet. Für afrikanische Christen in Deutschland fassen sich solche Krisenerscheinungen oftmals in der Chiffre der (unfreiwilligen) Migration zusammen. Viele christliche Migranten haben Staatszerfall, politisierte Ethnizität und Bürgerkrieg erfahre und sie empfinden sich zudem in einer Diasporasituation, in der sich Identitätsentwürfe in einer vielfach fremden Kultur neu ausformen. Es ist nicht nur offenkundig, dass Religion in der Situation der Diaspora und bei der Suche nach Beheimatung für viele afrikanische Migranten unabdingbar ist; vielmehr steht fest, dass die ‚Zähmung des Satans' bei der Bewältigung von Migrationsfolgen eine Rolle spielt. Sie wird insbesondere unter pentekostal ausgerichteten afrikanischen Migrationsgemeinden in Deutschland lebhaft diskutiert. Allerdings geht der theologische Diskurs über die pentekostale Binnenorientierung weit hinaus und ist hoch komplex. Aufgrund der Diasporasituation ordnen sich selbst solche afrikanischen Kirchen neu zu, die sich durch Bekenntnis und Kirchengeschichte in den Herkunftsländern voneinander abgrenzen. Insofern umgreift die Rede vom Satan eine größere Bandbreite afrikanischer Gemeinden in Deutschland. Inwiefern sich die Herangehensweise an die Dämonologie durch diese innerafrikanische Ökumene verändert und inwieweit sie sich nicht zuletzt durch die vielfältigen kirchlichen Beziehungen der vor allem betroffenen Pfingstgemeinden zu deutschen Gastgemeinden kontextualisiert, bleibt abzuwarten.[48] Der Ausgang dieser Debatte ist auch deshalb noch als offen zu bewerten, weil nach wie vor auch enge kirchliche Bindungen der

Migrationsgemeinden zu den „Mutterkirchen" im Heimat-
land (oder im Falle von klassischen Pfingstkirchen auch zu den
US-amerikanischen Stammkirchen) bestehen und diese trans-
nationalen Wechsel- und Austauschbeziehungen noch kaum
eingehend erforscht sind. Zu rechnen aber ist damit, dass der
„Kampf gegen Dämonen", wohl in einer rituell wie institutionell weniger dramatischen Form, da keine breite religiöse
‚grass-roots'-Bewegung dahinter steht,[49] wieder Einzug erhält
in Deutschland – aus jenem Kontinent, wohin er einst expor-
tiert wurde.

Literaturverzeichnis

Anderson, A. (2001a): African Reformation. African Initiated Christia-
    nity in the 20th Century, Trenton/Asmara
Ders. (2001b): The Mission Initiatives of African Pentecostals in Conti-
    nental Perspective, in: M. L. Daneel (Hg.): African Christian Out-
    reach, Vol. 1: African Initiated Churches, Pretoria, 83-98
Asamoah-Gyadu, J. K. (2002): Pentecostalism and the Missiological Sig-
    nificance of Religious Experience: The Case of Ghana's ‚Church of
    Pentecost', in: Trinity Journal of Church and Theology, 12/1,2: 30-
    57
Barrett, D. B./Kurian, G. T./Johnson, T. M. (2001): World Christian En-
    cyclopaedia, Oxford
Barrett, D. B./Johnson, T. M. (2002): Annual Statistical Table on Global
    Mission, in: International Bulletin of Missionary Research, 26/1,
    2002: 22-23

---

[48] Dies bezieht sich auf erste Auswertungen eines theologischen Ausbil-
dungsprojekts mit afrikanischen Gemeindeleitern in Deutschland in der
Missionsakademie an der Universität Hamburg. Um unbeabsichtigten
Missverständnissen oder Verzeichnungen vorzubeugen, die sich im deutschen Sprachgebrauch an den Kampf wider Dämonen knüpfen mögen,
betone ich, dass er 1. nicht das gesamte Spektrum afrikanischer Kirchen
in Deutschland und 2. nicht die gemeindlichen Strukturen insgesamt
kennzeichnet. Zudem wird dieser Kampf – der sehr wohl biblisch begründet werden kann – mit spirituell „harmlosen" Mitteln geführt, also
Fürbitt-Gottesdiensten, Segenshandlungen und intensiver pastoraler Beratung. Es braucht kaum betont zu werden, dass Migranten unter den sozialen und psychischen Folgen eines mangelnden gesellschaftlichen Inte-
grationswillens von deutscher Seite leiden, die da sind u. a. Arbeitslosig-
keit, Wohnungssuche und legaler Aufenthaltsstatus.
[49] Hinzuweisen ist selbstverständlich darauf, dass der Umgang mit Dämonen auch in anderen Denominationen und neureligiösen Bewegungen
als nur in afrikanischen Neo-Pfingstkirchen in Deutschland eine Rolle
spielt (vgl. nur Hollenweger 1969, 424-431).

Becken, H.-J. (1972): Theologie der Heilung. Das Heilen in den Afrikanischen Unabhängigen Kirchen in Südafrika, Hermannsburg

Ders. (1985): Wo der Glaube noch jung ist. Afrikanische Unabhängige Kirchen im Südlichen Afrika, Erlangen

Behrend, Heike/Luig, Ute (Hg.) (1999): Spirit Possession, Modernity and Power in Africa, Oxford

Burgess, S. T./van der Maas, E. M. (Hg.) (2002): The New Dictionary of Pentecostal and Charismatic Movements, Grand Rapids

Corton, A./Marshall-Fratani, R. (Hg.) (2001): Between Babel and Pentecost. Transnational Pentecostalism in Africa and Latin America, Bloomington

Cox, Harvey (1995): Fire from Heaven. The Rise of Pentecostal Spirituality and the Reshaping of Religion in the Twenty-first Century, Reading/New York

Fabian, J. (2001): Im Tropenfieber. Wissenschaft und Wahn in der Erforschung Zentralafrikas, München

Fernandez, J. W. (1978): African Religious Movements, in: Annual Review of Anthropology, 7, 195-234

Ders. (1982): Bwiti. An Ethnography of the Religious Innovation in Africa, Princeton

Gerloff, R. (2003): Art.: Pfingstbewegung/Pfingstkirchen: III. Asien, Afrika, Lateinamerika, in: RGG IV, Sp. 1237-1241

Gifford, P. (1998): African Christianity. Its Public Role, London

Ders. (2000): Gegenwärtige christliche Spiritualität in Ghana, in: EMS-Informationsbrief 4/2000, 3-8

Heuser, A. (2003): Shembe, Gandhi und die Soldaten Gottes. Wurzeln der Gewaltfreiheit in Südafrika, Münster/New York

Hollenweger, W. J. (1969): Enthusiastisches Christentum. Die Pfingstbewegung in Geschichte und Gegenwart, Wuppertal/Stuttgart

Ders. (1997): Pentecostalism. Origins and Developments Worldwide, Peabody

Ders. (2001): Pfingstbewegung und Ökumene, in: Dahling-Sander, Christoph/Funkschmidt, Kai M./Mielke, Vera (Hgg.): Pfingstkirchen und Ökumene in Bewegung (Beiheft zur Ökumenischen Rundschau Nr. 71), Frankfurt a. M., 16-34

Kalu, O. U. (2001): Estranged Bedfellows? The Demonisation of the Aladura in Pentecostal Rhetoric, in: M. L. Daneel (Hg.): African Christian Outreach, Vol. 1: African Initiated Churches, Pretoria, 121-142

Ders. (2003): Pentecostal and Charismatic Reshaping of the African Religious Landscape in the 1990`s, in: Mission Studies XX, 1/39: 84-111

Kamphausen, E. (1976): Anfänge der kirchlichen Unabhängigkeitsbewegung in Südafrika. Geschichte und Theologie der Äthiopischen Bewegung, 1872-1912, Bern, Frankfurt a. M.

Ders. (2000): Entfetischisierung durch Pentekostalismus. Herausforderung für die etablierten Kirchen in Ghana, in: Jahrbuch für kontextuelle Theologien, Frankfurt a. M., 85-100

Kohl, Karl-Heinz (2003): Die Macht der Dinge. Geschichte und Theorie sakraler Objekte, München

Kramer, F. W. (1987): Der rote Fes. Über Besessenheit und Kunst in Afrika, Frankfurt a. M.

91

Kürschner-Pelkmann, F. (2002): Die Theologie Reinhard Bonnkes. Ein Pfingstprediger und seine Mission – eine kritische Analyse (EMW-Studienheft: Weltmission Heute 43), Hamburg

Larbi, K. E. (2001): The Eddies of Ghanaian Pentecostalism, Accra

Maxwell, D. (1999): Historicizing Christian Independency: The Southern African Pentecostal Movement c. 1908-60, in: Journal of African History, 40, 243-264

Martin, D. (2002): Pentecostalism: The World Their Parish, Oxford

Mbiti, J. S. (1987): Bibel und Theologie im afrikanischen Christentum, Göttingen

Ders. (1991): Introduction to African Religion, Nairobi 1991, 2. Auflage.

Menck, K.W. (2002): Strukturanpassung, in: J. E. Mabe (Hg.): Das kleine Afrika-Lexikon, Wuppertal/Stuttgart, 192-193

Meyer, B. (1999): Translating the Devil. Religion and Modernity Among the Ewe in Ghana, Edinburgh

Nadel, S. F. (1970): Nupe Religion. Traditional Beliefs and the Influence of Islam in a West African Chiefdom, London 1970, 2. Auflage

Olupona, J. K. (2002): Art.: Africa (West), in: Burgess/van der Maas (Hg.), 11-21

Parratt, J. (1991): Theologiegeschichte der Dritten Welt: Afrika, München

Rücker, H. (1985): Afrikanische Theologie. Darstellung und Dialog, Innsbruck/Wien

Schoffeleers, M. (1991): Ritual Healing and Political Acquiescence: The Case of the Zionist Churches in Southern Africa, in: Africa, 60: 1-25

Ders. (1998): Gebetsheilung und Politik. Der Quietismus der Heilungskirchen im südlichen Afrika, in: Concilium 34/5, 565-570

Shorter, A. (1985): Jesus and the Witchdoctor. An Approach to Healing and Wholeness, London/New York

Sundermeier, T. (1990): Nur gemeinsam können wir leben. Das Menschenbild schwarzafrikanischer Religionen (Erstausgabe 1988), Gütersloh 1990, 2. Auflage

Ders. (1992): Aus einer Quelle schöpfen wir. Von Afrikanern lernen, Gütersloh

Ders. (1999): Was ist Religion? Religionswissenschaft im theologischen Kontext. Ein Studienbuch, Gütersloh

Vuha, A. K. (1993): The Package: Salvation, Healing and Deliverance, Accra

Martin Ufer

Emotion und Expansion.
Neopfingstlerische Bewegungen in Brasilien[1]

Vorbemerkung

Pfingstlerische Gemeinschaften sind in Wohnvierteln und Innenstädten nicht zu übersehen – und aufgrund des von ihnen verursachten Lärmpegels auch nicht zu überhören! Dieser Eindruck überwältigte mich, als ich von 1997 bis 1998 ein einjähriges Studienjahr in Brasilien verbrachte, dem ‚größten katholischen Land der Erde'. Demzufolge habe ich mich in meiner Examensarbeit zum Ersten Theologischen Examen, die ich 1999 bei Prof. Dr. Theo Sundermeier in Heidelberg verfasste, mit dem Thema der Neopfingstkirchen in Brasilien auseinandergesetzt. Neopfingstlerische Theologie hat sich in den letzten Jahrzehnten aus der klassischen Pfingstfrömmigkeit entwickelt und in Brasilien eine Vielzahl von eigenen Religionsgemeinschaften entstehen lassen.[2]

Manche Ergebnisse dieser Untersuchung, die eine verkürzte und aktualisierte Fassung meiner Examensarbeit darstellt, haben ihre Parallele sicher auch in anderen Entwicklungs- und Schwellenländern, in denen die Pfingstbewegung auf ähnliche Bedingungen wie in Brasilien trifft. Weltweit soll die Pfingstbewegung bereits über 400 Millionen Anhänger haben.[3]

---

[1] Aktualisierte und für den Druck überarbeitete Fassung meiner Examensarbeit, die 2001 mit dem „Hochschulpreis des Evangelischen Bundes Hessen und Nassau für Ökumenische Theologie und Konfessionskunde" ausgezeichnet wurde.

[2] Es ist wichtig, schon an dieser Stelle darauf hinzuweisen, dass eine rigide Klassifizierung und Abgrenzung klassisch-pfingstlerischer und neopfingstlerischer Frömmigkeit nicht möglich ist. So haben neopfingstlerische Vorstellungen bisweilen auch in die traditionellen pfingstlerischen Denominationen Eingang gefunden. Pfingst- und Neopfingstkirchen beeinflussen sich gegenseitig.

[3] Vgl. Cox 1994, XV.

1. Der Protestantismus in Brasilien

Statistische Angaben zur Größe des Protestantismus in Brasilien sind nicht zuverlässig zu erheben. Die Fluktuation von Interessenten und Gläubigen ist groß, viele Kirchen führen auch keine Mitgliederlisten. Eine 2002 veröffentlichte Zählung geht davon aus, dass von den über 170 Millionen Brasilianern 15 % einer protestantischen Kirche angehören – das heißt, es leben in Brasilien ungefähr 26 Millionen Protestanten.[4]

Diese verfügen über eine starke kirchliche Bindung. In einer Untersuchung gaben 84 % der Protestanten an, wöchentlich einen Gottesdienst zu besuchen, während das nur von 17,6% der Katholiken deklariert wurde.[5] Die Zahl aktiver Protestanten und Katholiken liegt daher näher beieinander als es die absoluten Zahlen ersehen lassen.

Der Protestantismus ist in Brasilien in den letzten Jahrzehnten stark gewachsen, eine Entwicklung, die sich für den ganzen lateinamerikanischen Kontinent feststellen lässt.[6] Nicht zuletzt die neunziger Jahre führten in Brasilien zu einem starken Wachstum des Protestantismus. Nach einer Untersuchung des ISER (Instituto de Estudos da Religião) ließen sich von 1990-92 im Großraum Rio de Janeiro durchschnittlich fünf neue protestantische Kirchen pro Woche registrieren,[7] d. h. es wurde während eines Dreijahreszeitraumes im Durchschnitt an jedem Werktag eine neue Kirche eröffnet.

Dieselbe Untersuchung zeigt allerdings, bei welchen Kirchen das Wachtumspotential liegt: Von den in Rio de Janeiro gegründeten 710 Gemeinden waren 630 (88,73 %) Pfingstkirchen, nur 80 Kirchen (11,27 %) gehörten einer historischen Denomination an.[8] Insgesamt sind ca. 70 % der protestantischen Christen in Brasilien Anhänger einer Pfingstkirche.[9]

---

[4] Edward 2002, 89.
[5] Vgl. Fernandes 1994, 179.
[6] In Lateinamerika und der Karibik betrug der Anteil protestantischer Christen an der Gesamtbevölkerung 1960 3,1 %, 1985 waren es bereits 13, 78 %. Oro 1996a, 26.
[7] Fernandes 1994, 164.
[8] AaO., 192.
[9] Oro 1996a, 13.

Die Pfingstbewegung ist innerhalb weniger Jahrzehnte zum Bezugspunkt vieler Millionen Brasilianer für ihre religiöse und symbolische Weltdeutung geworden – eine Entwicklung, die dem weltweiten Wachstum dieser Bewegung korrespondiert.

2. Pfingst- und Neopfingstkirchen

Zu Beginn unseres Jahrhunderts bildete sich die Pfingstbewegung in den USA aus der Heiligungsbewegung heraus. Schon bald formierten sich die ersten Gemeinden in Brasilien.[10]

1910 wurde die Congregação Cristã no Brasil in São Paulo gegründet, 1911 die erste Kerngemeinde der Assembleia de Deus in Belém. Beide Kirchen bestehen noch heute und sind Ausdruck klassischer Pfingstfrömmigkeit. Die Assembleia de Deus (engl. Assembly of God) ist die größte protestantische Denomination in Brasilien und hat ungefähr 4,5 Millionen Mitglieder.[11]

Neopfingstlerische Gruppen bilden sich verstärkt seit den 60er Jahren, so die Igreja da Nova Vida (1960), die Igreja Pentecostal Deus é Amor (1962), die Igreja Universal do Reino de Deus (1977), die Igreja Internacional da Graça de Deus (1980) und Renascer em Cristo (1986). Diese Gruppen zeichnen vor allem eine ausgeprägte Dämonologie und häufig in den Gottesdiensten praktizierte Exorzismen aus. Das Neopfingstlertum wendet sich nicht mehr von der Welt ab, wie es das klassische Pfingstlertum mit dem Hinweis auf ein bald anbrechendes Tausendjähriges Reich getan hat, sondern legitimiert Prosperität und kirchliches Engagement in der Politik. Man kann es geradezu als eine Säkularisierung klassisch pfingstlerischer Frömmigkeit bezeichnen, da die Erlösung nicht auf die Zukunft, sondern auf das Hier und Jetzt des Gläubigen bezogen wird.

---

[10] Vgl. zu den Anfängen der Pfingstbewegung Cox 1994, 3-78, und Hollenweger 1997, 31-38. Die Geschichte der brasilianischen Pfingstkirchen ist dargestellt bei Freston 1994. Eine verkürzte Darstellung ist in der Zeitschrift Religion erschienen: Freston 1995, 119-133.
[11] Edward 2002, 95. P. Freston geht sogar von 7-8 Millionen Anhängern aus, Freston 1995, 124.

Die neopfingstlerischen Gruppen sind fast alle von Brasilianern gegründet, überhaupt ist der Protestantismus in Brasilien mittlerweile ein indigenes Phänomen. Von den 52 bedeutenderen protestantischen Denominationen, die in Brasilien existieren, haben nur 15 im Ausland ihren Ursprung. „Es macht keinen Sinn mehr, den Protestantismus als eine ausländische Religion zu sehen. Er wächst und differenziert sich durch eine endogene Dynamik aus".[12]

Die Neopfingstkirchen sind in Brasilien nicht von einem ausländischen Missionswerk, oft aber von einem brasilianischen Gründungsvater abhängig.[13] Dieser gibt dann autokratisch in seiner Kirche die Richtung an. Im weberischen Sinne ist von einer „Charismatischen Herrschaft"[14] zu sprechen, die Institutionalisierung der Gruppen ist noch im Vollzug (daher auch die Bezeichnung „neopfingstlerische Bewegungen").

Der Autorität des Gründers über die Gesamtkirche entspricht in den Gemeinden die starke Stellung des Predigers. Neopfingstlerische Gemeinden, wie pfingstlerische Gemeinden in Lateinamerika überhaupt, wünschen in der Regel eine starke Autorität des Predigers.[15]

In diesem Zusammenhang ist es angebracht, sich kurz mit der Sozialstruktur der Neopfingstkirchen zu befassen. Braungart und Schäfer haben bei ihren Arbeiten über mittelamerikanisches Neopfingstlertum dieses als ein religiöses Phänomen der Ober- und Mittelschicht dargestellt.[16] Auf Brasilien lässt sich diese Beobachtung nicht übertragen. Zwar sind vereinzelte neopfingstlerische Gruppen, wie die Igreja da Nova Vida[17] oder Renascer em Cristo[18] auf die (gehobene) Mittelklasse konzentriert, die größten Neopfingstgemeinschaften, die Igreja Pentecostal Deus é Amor und die Igreja Universal do Reino de Deus, rekrutieren aber ihre Klientel vorwiegend aus

---

[12] Fernandes 1994, 189.
[13] Solche Gründungsväter sind: Igreja Pentecostal Deus é Amor: Davi Miranda; Igreja Universal de Reino do Deus: Edir Macedo; Igreja Internacional da Graça de Deus: R. R. Soares.
[14] Weber 1980, 140 ff.
[15] Martin 1990, 168. Vgl. hierzu auch Schäfer 1998, 122 f.
[16] Vgl. Braungart 1995, 59, und Schäfer 1992, 119.
[17] Vgl. Martin 1990, 66.
[18] Vgl. 1997, 53.

der Unterschicht. Bei meinen Besuchen in der Igreja Universal sah ich, dass viele der Anwesenden nicht zu den von Gott mit Wohlstand Gesegneten gehörten – die Last des Alltags stand manchen regelrecht ins Gesicht geschrieben. Mein Eindruck wird von einer Statistik der Zeitschrift Época gestützt, die angibt, dass 63 % der Gläubigen, die in der Igreja Universal ihren Zehnten entrichten, nur bis zu zwei Minimumslöhne (damals 256 Reais, ca. 260 DM) verdienen.[19] Ähnliches gilt auch für die zweite große Neopfingstgemeinschaft, die Igreja Deus é Amor. Sie besitzt in Brasilien bereits 6365 Kirchen und hat sich auf 25 weitere Länder ausgedehnt. „Diese Kirche konnte sich schnell durch ganz Brasilien verbreiten, weil sie die armen und peripheren Volksmassen auch der anderen Religionen anzog und anzieht, die verzweifelt das zum Überleben Notwendige suchen, wie Gesundheit und Arbeit".[20]

In Brasilien ist der Protestantismus eine Erscheinungsform besonders der ärmeren Bevölkerungsschichten[21] und das Neopfingstlertum bildet dabei keine Ausnahme. Im Gegenteil, die Neopfingstkirchen „sind voll von Leuten mit wenig finanziellen Möglichkeiten, und oft sogar mit den Ausgeschlossenen der Gesellschaft (Drogenabhängige, Diebe, Arbeits- und Obdachlose)".[22]

---

[19] Crivellaro et al. 1998, 42.
[20] Wulfhorst 1995, 13.
[21] Aus einer Vergleichsstudie über die Einkommensverhältnisse der Angehörigen verschiedener Religionsgemeinschaften (praktizierende Katholiken, nichtpraktizierende Katholiken, Protestanten, Spiritisten, afro-brasilianische Kulte sowie andere und ohne Religion) wird gefolgert: „Es ist ... bei den Protestanten, wo wir den größten Anteil von Gläubigen finden, die sehr arm sind (das Familieneinkommen niedriger als zwei Minimumslöhne). Und es ist auch bei ihnen der geringste Prozentsatz von Personen mit einem gehobenen Familieneinkommen (Familieneinkommen größer als 10 Minimumslöhne)", Fernandes 1994, 172. Manche historische Denomination oder auch einige Pfingst- und Neopfingstkirchen der Mittelklasse müssten allerdings für sich genommen von dieser den Durchschnitt wertenden Aussage ausgenommen werden.
[22] Pedde 1997, 246 f.

3 Die Igreja Universal do Reino de Deus

„Jesus Cristo é o Senhor" (Jesus Christus ist der Herr) thront als Schriftzug groß über allen Kircheneingängen der Igreja Universal do Reino de Deus. Immerhin schmückt er in Brasilien ungefähr 7000 Orte der Zusammenkunft[23] und, in die verschiedenen Sprachen übersetzt, Kirchen in bis zu 70 Ländern.[24]

Das Nachrichtenmagazin Istoé spricht bei der Igreja Universal vom „größten brasilianischen Multinationalen".[25] In der Tat, einen Vergleich mit säkularen Unternehmen braucht die Kirche hinsichtlich ihrer Einnahmen nicht zu scheuen: „Inoffiziellen Berichten zufolge hat es die Kirche im Jahr 1995 auf eine Summe von 735 Millionen US-Dollar an Spenden und sonstigen Einkünften gebracht. Das entspricht etwa dem, was der Automobilkonzern Volkswagen in Brasilien einnimmt".[26]

Die Igreja Universal umfasst ein Wirtschaftsimperium. Ihr gehört der drittgrößte Fernsehkanal des Landes, der TV Record, den sie 1989 auf Umwegen für 45 Millionen US$ kaufte, und etwa 70 Radiostationen.[27] Die Wochenzeitung Folha Universal hat eine Auflage von 1.180.000 Exemplaren und wird im kircheneigenen Verlag hergestellt. Die Kirche ist Eigentümerin weiterer Firmen sowie einer Bank in Brasilien und hat auch in Frankreich eine Baufirma mit 4000 Angestellten und zwei Reiseagenturen erworben.[28]

Begonnen hat die mächtige Igreja Universal eigentlich ganz bescheiden. 1977 wurde sie von Edir Macedo und einigen Partnern in einem ausgedienten Bestattungsunternehmen in Rio de Janeiro gegründet. Macedo, einem ehemaligen Angestellten der Staatslotterie, gelang es, sich gegenüber den Mitgründern als unumstrittener Leiter durchzusetzen.

Die Kirche wuchs schnell. 1981 ernannten sich Macedo und ein weiterer Co-Gründer zum Bischof, 1985 wurde in Pa-

---

[23] Edward 2002, 95.
[24] Crivellaro 1998, 42.
[25] Forganes/Nascimento 1997, 42.
[26] Tautz 1997, 49.
[27] Crivellaro 1998, 45.
[28] Forganes/Nascimento 1997, 42.

raguay die erste Kirche außerhalb Brasiliens gegründet. 1995 hatte die Kirche bereits 52 Niederlassungen in Portugal und war bis auf Australien in allen Kontinenten aktiv.[29]

Der Schwerpunkt kirchlicher Arbeit liegt jedoch in Brasilien. Wie viele Anhänger die Kirche Macedos dort hat, kann nur geschätzt werden. Die Zahlen schwanken zwischen 1,5 und 3 Millionen Menschen.[30]

Die Kirche hat keine Mitgliederlisten und ihr religiöses Angebot kann von jedem Interessierten in Anspruch genommen werden. Sie arbeitet zielgruppenorientiert und gleicht darin einem modernen Dienstleistungsunternehmen. Jeder Tag der Woche hat ein spezifisches religiöses Angebot, das Interessierte je nach ihren Bedürfnissen wahrnehmen können. Montags ist *Wohlstand* Gegenstand der Gottesdienste, dienstags *Gesundheit*, mittwochs *Gotteskindschaft*, donnerstags *Familie*, freitags *Befreiung*, samstags *„Die Größe Gottes"*. Der Sonntag ist dem Lobpreis und der Verehrung Gottes vorbehalten.[31] Jemand mit familiären Problemen wird so z. B. bevorzugt donnerstags die Kirche aufsuchen. Die Entstehung einer um ein Zentrum (Jesus Christus) konzentrierten Gemeinde wird dadurch nicht begünstigt. Gottesdienstbesucher sind Kunden und haben auch keinerlei Mitspracherecht in kirchlichen Entscheidungen.[32]

Die Kirchen der Igreja Universal, die sich fast immer an verkehrsgünstigen Hauptverkehrsstraßen befinden, sind den ganzen Tag geöffnet. Die meisten von ihnen sind schlichte Versammlungsorte und gleichen, besonders in den ärmeren Wohnvierteln, nüchternen Lagerhallen. In den letzten Jahren hat die Kirche aber damit begonnen, in den großen Städten Brasiliens sog. „Glaubenskathedralen" zu errichten. Die „Kathedrale" in Fortaleza, die ich selbst besuchte, verfügt über ein unterirdisches Parkhaus und eine zentrale Klimaanlage. Die

---

[29] Oro 1996a, 48.
[30] Freston schätzt die Zahl der Anhänger der Igreja Universal auf 1,5 Millionen (Freston 1995, 130), die bei A. P. Oro angegebene Statistik rechnet mit drei Millionen Gläubigen (Oro 1996a, 48).
[31] Das Wochenprogramm habe ich aus der Folha Universal übernommen (Folha Universal, Jg. 5, Nr. 350 (20.-26.12.1998), z. B. Auch die Igreja International da Graça de Deus hat ein ähnliches Wochenprogramm.
[32] Vgl. Freston 1994, 144 f.

Sessel sind lederbezogen und auch sonst wurde an der Ausstattung nicht gespart. Angeschlossen ist ein „Evangelischer Buchladen", in dem man neben Büchern jegliches Accessoire der neuen Frömmigkeit erstehen kann. Durch die neuen Kirchen will die Igreja Universal wohl stärkere Attraktivität auf die gehobene Mittel- und Oberschicht ausüben.

Die Kirche sucht den Respekt der Gesellschaft, den sie nur schwer erlangen kann. Ihre dubiosen Praktiken, von den Gläubigen Spenden zu erbitten, werden in den Medien Brasiliens scharf kritisiert,[33] und auch ihre aggressive Haltung gegenüber anderen religiösen Gemeinschaften hat die Kirche vielerorts diskreditiert. Internationales Aufsehen hat so 1995 eine Live-Fernsehübertragung erregt, bei der ein Prediger der Universalkirche eine Gipsstatue der Schutzpatronin Brasiliens, der Hl. Jungfrau von Aparecida, drangsalierte. An ihrem Feiertag, dem 12. Oktober, trat und schlug der Pastor auf die Figur der Gottesmutter ein, um zu zeigen, dass von dieser auf keinen Fall göttliche Kraft ausgehen könne. Sie hätte sich, nach der Logik des Fernsehpredigers, sonst wehren müssen. Natürlich erhob sich unter den gläubigen Katholiken Brasiliens ein Aufschrei über diese Tat, und es kam nach der Fernsehübertragung zu Übergriffen auf Universalkirchen.[34]

Auch Kirchenchef und -gründer Edir Macedo steht persönlich im Zwielicht. Er musste sich wiederholt vor der brasilianischen Justiz behaupten, u. a. wegen Unregelmäßigkeiten beim Erwerb des Fernsehsenders TV Record und wegen Betrugs. 1992 verbrachte der Kirchengründer aufgrund der Klage von Ex-Mitgliedern der Kirche, die von dieser um Hab und Gut gebracht worden waren, sogar zwölf Tage in Haft.[35]

Der Ruf der Igreja Universal ist auch in anderen Ländern geschädigt. Eine Untersuchungskommission des belgischen Parlaments sieht in ihr aufgrund der spektakulären Spenden-

---

[33] Die größte Fernsehanstalt des Landes, TV Globo, hat schon eigens eine Seifenoper mit dem Titel „Dekadenz" produziert: sie erzählt den Aufstieg eines korrupten Pastors zum Sektenchef. Ähnlichkeiten mit Edir Macedo sind beabsichtigt. Vgl. Leick 1995, 222.

[34] Vgl. Tautz 1997, 48f. und Leick 1995, 222.

[35] Seine schnelle Freilassung verdankte er wohl dem bereits großen gesellschaftlichen Einfluss seiner Organisation, die sich nicht zuletzt auch zu einem politischen Machtfaktor in Brasilien entwickelt hat.

aufrufe ein „kriminelles Unternehmen, dessen einziges Ziel die Bereicherung ist".[36] Diese Vorwürfe sind ernst zu nehmen, da die Universalkirche tatsächlich christlichen Glauben in ein merkantilistisches Kleid hüllt und sich dadurch bereichert.

4. Theologie der Neopfingstkirchen[37]

4.1 Exorzismen und Heilungen

Neopfingstler verfügen über eine ausgeprägte Dämonologie. Dabei nehmen sie an, dass die Welt ein ständiger Kampfplatz zwischen Gott und dem „Reich des Lichts" sowie Satan und „dem Reich der Finsternis" ist.[38] Zwar hat Jesus am Kreuz bereits den Sieg errungen, doch stehen weite Teile der Welt noch immer unter dem Einfluss der bösen Mächte. Diese agieren in einer dem nichterlösten Menschen unsichtbaren geistigen Sphäre und sind verantwortlich für jegliches Übel in der materiellen Welt. Um Abhilfe zu schaffen, treten die Neopfingstler den Gehilfen Satans, den Dämonen, in einem „geistlichen Kampf" entgegen.[39]

Der Glaube an Dämonen hat durchaus seine biblischen Wurzeln (z. B. Mk. 5,1-20 par.; Mk. 9,14-29 par.). Neu bei den Neopfingstlern ist hingegen die monokausale Erklärung allen Übels durch das Wirken dämonischer Kräfte. Armut, Krankheit und Alkoholismus – für alle Übel sind Dämonen verantwortlich.

---

[36] Zitiert nach Forganes/Nascimento 1997, 42.

[37] Natürlich haben alle Neopfingstkirchen ihre Eigen- und Sonderlehren. Es geht im Folgenden nur darum, grobe Linien neopfingstlerischer Theologie zu zeichnen. Ich bin mir bewusst, dass diese in den Gruppierungen unterschiedlich umgesetzt werden. Bei meinen Ausführungen orientiere ich mich verstärkt an der Igreja Universal do Reino de Deus.

[38] Vgl. hierzu auch Braungart 1995, 80-90.

[39] Auch in Deutschland nehmen neopfingstlerische Gruppen den Kampf gegen Dämonen auf. So schreibt Andreas Herrmann, Leiter des Christlichen Zentrums Frankfurt: „Bei evangelistischen Einsätzen unserer Gemeinde auf der Frankfurter Zeil binden wir ... die Mächte und Kräfte am Ort ... Die Luft ... wird dünner, geistliche Widerstände werden gebrochen, und Menschen finden schneller und leichter den Weg zum Herrn", zitiert aus: Eimuth/Lemhöfer 1993, 32.

Spektakuläre Exorzismen gehören zu einem festen Bestandteil neopfingstlerischer Gottesdienste. Bei der Igreja Universal werden „Besessene" gerne zum Podium gerufen und die Dämonen werden vor der Gemeinde lokalisiert. Vor der Austreibung werden regelrechte Interviews mit den bösen Geistern durchgeführt, die angeblich Körper und Bewusstsein ihres „Mediums" übernommen haben.[40]

Für den einzelnen Gläubigen hat der postulierte Kausalzusammenhang seiner Probleme mit dämonischen Kräften durchaus eine entlastende Funktion. Er ist nicht mehr für Alkoholismus, familiäre Probleme und Armut verantwortlich. „Für die Neopfingstler wählt die Person das Böse nicht, sondern ist von ihm besessen. Die Person ist nicht verantwortlich für das von ihm verursachte Böse und braucht sich dafür nicht zu schämen; vielmehr war es der Teufel, der sie dahin gebracht hat, schändliche Taten zu begehen".[41]

Andererseits erhalten die Pastoren und die Kirchen durch dieses Erklärungsmuster eine sakrale Schlüsselstellung bei der Lösung der Probleme ihrer Anhänger. Die alte von der katholischen Kirche beanspruchte Mittlerstellung zwischen Gott und Mensch bezüglich des ewigen Seelenheils ist durch eine neue Mittlerstellung bezüglich der akuten diesseitigen Probleme ersetzt. Der Einzelne muss nur noch an die in der Kirche wirksame göttliche Macht glauben, dann kann alles wieder ins Lot gerückt werden. Bischof Macedo behauptet in einem Interview: „Ich besitze die Erklärung eines jüdischen Arztes, der die Heilung einer Person – heute einer unserer Pastoren – attestiert, die mit Aids zur Universalkirche gekommen ist. Wunderbare Heilungen geschehen häufig in der Universalkirche. Personen, die Krebs hatten und von der Medizin aufgegeben waren, wurden auch schon geheilt. Natürlich kann ich nicht sagen, dass alle jene Kranken, für die wir beten, gesund werden. Das hängt vom Glauben der Person ab. Wer glaubt, erhält Heilung".[42]

---

[40] Zu den Exorzismen der Igreja Universal vgl. Gomes 1994, 240-247.

[41] Pedde 1997, 248.

[42] Veja 14.11.1990, abgedruckt in: Centro Ecumênico de Documentação e Informação 1991, 88. Spektakuläre Wunderheilungen sind nicht nur Ausdruck, sondern auch Erfordernis des richtigen Glaubens. Am Karfreitag 1991 füllte die Universalkirche das Maracanastadion in Rio de

Solche Heilungsversprechen schränken den souveränen Willen Gottes ein und stoßen auch in pfingstlerischen Kreisen auf Ablehnung, da sie biblischen Grundeinsichten widersprechen. So wendet ein Pfingstler gegen den Heilungsevangelismus ein: „Dass Gott nicht immer heilt, sondern auch auf dem Weg leiblicher Schwachheit oder gar anhaltender Krankheit mit seinen Kindern seine Ziele verfolgt, geht aus dem Beispiel des Paulus selbst hervor, sowie einiger seiner Mitarbeiter".[43]

Bei den Neopfingstlern sind die Dämonen nicht nur für das ausbleibende Glück von Individuen verantwortlich, sondern auch für gesamtgesellschaftliche Probleme. „Die zentrale Idee ist, dass territoriale und erbbare Dämonen existieren, die bezüglich geographischen Gebieten und Familien agieren. Diese Dämonen sind für alle Übel der Welt verantwortlich, inklusive der Ungleichheit und der sozialen Ungerechtigkeit".[44]

Nach neopfingstlicher Logik sind Dämonen auch in gesellschaftlichen Institutionen wirksam. Von da aus ist es jedoch nur ein kleiner Schritt bis zur Diskriminierung politischer und religiöser Gegner. Denn gerade bei den Gegnern sind ja die Dämonen zu finden. In der Igreja Universal do Reino de Deus werden die ausgetriebenen Dämonen in der Regel mit den Geistern der afro-brasilianischen Kulte identifiziert. „Dies ... führt zu erheblichen Spannungen im religiösen Bereich Brasiliens, da die Gläubigen dazu gebracht werden zu glauben, dass die Verantwortlichen für die Übel der brasilianischen Gesellschaft die konkurrierenden Religionen sind".[45]

Schuld an den gesellschaftlichen Problemen sind also nicht mehr politische Strukturen, sondern die Dämonen, die mit

---

Janeiro. Von dieser Veranstaltung berichtet Ingo Wulfhorst: „Edir (Macedo, M. U.) ermunterte diejenigen, die wirklich an Jesus Christus glaubten, ihre Brillen abzunehmen und sie auf den Rasen zu werfen, damit sie eingesammelt, zerbrochen und schließlich auf den Müll geworfen werden. Er hob hervor, daß der wahrhaft an Jesus Christus Glaubende keine Brille mehr brauche. Einige warfen ihre Brille auf den Rasen, um den wahren Glauben zu demonstrieren", Wulfhorst 1995, 14.
[43] Steiner 1971, 216.
[44] Siepierski 1997, 54. Vgl. auch Braungart 1995, 86. Zum Ursprung dieser Ideen in den USA siehe Cox 1994, 281-297. Cox widmet der neopfingstlerischen Dämonologie ein ganzes Kapitel in seinem Buch, was sich sehr zur weiterführenden Lektüre über dieses Phänomen empfiehlt.
[45] Siepierski 1997, 54.

politisch und religiös Andersdenkenden identifiziert werden. Hier liegt eine der großen Gefahren neopfingstlerischen Denkens. Die eigene Position wird durch das manichäistische Weltbild absolut gesetzt und andere Meinungen werden dämonisiert. Wo sich diese Theologie mit handfesten politischen Interessen verbindet, wird sie gefährlich und bisweilen menschenverachtend.[46] Hier ist prophetische Wachsamkeit gefordert, Andersdenkende dürfen nicht „verteufelt" werden. Lutherische Anthropologie mahnt uns, dass der Mensch zugleich Sünder und Gerechter ist.[47] Natürlich können (und sollen) aus christlichem Glauben durchaus politische Konsequenzen erwachsen, sie bedürfen aber einer ständigen selbstkritischen Korrektur. Man muss sich der eigenen Fehlbarkeit bewusst bleiben.

4.2 Prosperitätstheologie

Edir Macedo schreibt bezüglich des Reiches Gottes: „Wenn ich Personen sehe, die geheilt sind, die mit dem Heiligen Geist angefüllt werden, denen es finanziell gut geht und die ständig im Zustand des Sieges leben, freue ich mich riesig und jubele. Ich nenne dies im Reich Gottes leben, denn die Person, die so lebt, ist ein wahrhafter Bürger im Reiche Gottes".[48]

Das Reich Gottes gehört nach Macedo also den Erfolg- und Siegreichen dieser Welt. Mit einer solchen Theologie setzen sich die Neopfingstler von ihren pfingstlerischen Ursprüngen ab. Dort war das Reich Gottes hauptsächlich etwas Zukünftiges, das mit einem Male der krisengeschüttelten Welt ein Ende bereiten sollte. Die frühen Pfingstler verfügten über eine aus-

---

[46] Dies zeigte sich insbesondere zu Beginn der achtziger Jahre in Guatemala, wo unter dem neopfingstlerischen Präsidenten Rios Montt Folterung und Mord mit der Bekämpfung der kommunistischen Dämonen gerechtfertigt wurde. Vgl. Duchow et al. 1989, 42. Auch Harvey Cox warnt mit Recht: „... this ‚excessive and unhealthy interest' in demonology can not be dismissed as a harmless fascination. It has become a dangerous obsession, especially when it is combined with the newly awakened commitment of American pentecostals' participation in politics", Cox 1994, 287.

[47] Vgl. Bobsin 1995, 59.

[48] Macedo, E., Vida com Abundância, 17.

geprägte prämillenaristische Naherwartung – man lebte in einer schlechten Welt, der durch das Kommen Christi und dem Anbruch des Tausendjährigen Reiches bald ein Ende gesetzt würde. Als Kirche suchte man sich für die nahe geglaubte Entrückung zu heiligen, indem man darauf bedacht war, sich von der Welt zu unterscheiden. Die Werte der Welt wurden abgelehnt.[49] Das Streben nach Reichtümern und politische Aktivität erübrigten sich sowieso angesichts des nahen Endes.

Für Neopfingstler steht das Ende der Geschichte nicht mehr unmittelbar bevor. Die Wiederkunft Christi wird erst nach dem Millennium erwartet, eine postmillennaristische Eschatologie hat die prämillennaristische des klassischen Pfingstlertums ersetzt. Dadurch entfällt der radikale Bruch zwischen Geschichte und Tausendjährigem Reich,[50] das Heil wird verstärkt bereits im Diesseits erfahrbar.[51]

Die Veränderung der Eschatologie bewirkt nun bei den Neopfingstlern eine Veränderung ihrer Einstellung zur Welt. Man richtet sich in der Welt ein und übernimmt deren Werte, statt Weltentsagung wird Weltbeherrschung propagiert. Die Welt ist dabei nicht mehr böse und dem baldigen Untergang geweiht, sondern Quelle von Reichtum und Überfluss, die es sich nutzbar zu machen gilt.

Edir Macedo schreibt in einem seiner Bücher: „Der Mensch wurde auf die Erde gesetzt, um in der Fülle zu leben, unter Überfluss und Wohlstand. Adam hatte keinen Mangel an Wasser und Nahrung, er brauchte auch nicht Eva, seine Frau, zum Arzt zu bringen ... Der Mensch war ungehorsam und wurde aus dem Paradies vertrieben, doch Jesus hat für seine Schuld bezahlt und gibt uns aufs Neue das Recht, in Gottes Garten der Fülle zurückzukehren".[52] Die Satisfaktion Christi steht demnach im direkten Zusammenhang zum materiellen Wohlergehen der Gläubigen als Frucht der Erlösung. Durch Christus, so die Neopfingstler, werden seine Anhänger wieder zu mit Reichtümern gesegneten Kindern Gottes, was dem ur-

---

[49] Vgl. Cox 1994, 120.
[50] Vgl. Schäfer 1993, 79.
[51] Schäfer 1992, 82: „Die Perspektive des charismatischen Sieges in der Geschichte wird vom Postmillennarismus her konstruiert. Herrscherin des Millenniums ist dabei die Kirche". Vgl. auch Braungart 1995, 106.
[52] Macedo, E., Vida com Abundância, 32.

sprünglichem Schöpfungsplan entspricht: Gott ist ein reicher Vater und will auch reiche Kinder.

Wer nicht das von Gott gewollte Leben in Fülle führt, sondern von den materiellen Segnungen dieser Welt ausgeschlossen ist, hat sich das nach neopfingstlerischer Auffassung selbst zuzuschreiben: „Jeder Einzelne sollte sich selbst analysieren: ‚Hat mein Glauben, meine Religion Nutzen gebracht?'. Wenn die Antwort negativ ausfällt, dann ist etwas falsch. Wenn Sie den lebendigen Gott anrufen, dann muss es eine Antwort geben; der Glauben muss Nutzen für Ihr Leben bringen und dies hängt nur von Ihrem Glauben ab".[53]

Diese Theologie ist mehr als nur eine Neuauflage des reformierten Syllogismus practicus. Der Glaube wird in neopfingstlerischer Theologie zur Erlangung von säkularem Heil instrumentalisiert und der Kausalzusammenhang Glaube und daraus folgendes Wohlergehen verabsolutiert. Nicht Gottes Souveränität steht im Blickpunkt, sondern die meritorische Glaubensleistung des Individuums.[54]

Indem Armut mit mangelndem Glauben gleichgesetzt wird, umgehen die Neopfingstler die Frage nach politischen und sozialen Zusammenhängen und Verantwortlichkeiten. Der Status quo wird legitimiert und gesichert. Opfer werden in die Gottesferne gerückt und tragen die Schuld an ihrem Schicksal.

Damit widerspricht die Prosperitätstheologie aber einem wichtigen biblischen Zeugnis, demzufolge sich Gott gerade mit den Schwachen und Hilflosen solidarisiert. Der leidende Gott identifiziert sich durch die Inkarnation mit den Armen, nimmt sich ihrer Sache an und verheißt gerade ihnen (und nicht den irdischen „Siegern") das Reich Gottes (vgl. Lk. 6,20+24, Lk. 16, 19-31, Mk. 10,23 f. (par.), Jak. 2,5; 5,1-6 u. a.). Nicht zuletzt die lateinamerikanische Befreiungstheologie hat die Liebe Gottes zu den Leidenden und sein Mitleiden in den letzten Jahrzehnten neu herausgearbeitet.

---

[53] Aussage Edir Macedos bei einem Gottesdienst nach Folha Universal, Ano V, No 350, 12A.

[54] Entstanden ist diese Wohlstandstheologie, die weltweit besonders in Ländern der Dritten Welt Erfolg hat, in den USA, wo sie unter dem Namen „Health und Wealth Gospel" bekannt ist. Vgl Neto 1998, 6 f., und Siepierski 1997, 52 f.

Neopfingstler vertreten hingegen eine uneingeschränkte theologia gloriae.[55] Gott ist Garant des Sieges und, wo dieser aus irgendeinem Grund ausbleibt, entstehen Erklärungsschwierigkeiten. Als bei einem Gottesdienst in der Universalkirche von Osasco (im Einzugsgebiet von São Paulo) das Dach einstürzte und 25 Tote sowie 500 Verletzte zu beklagen waren, konnte es Bischof Macedo kaum fassen: „Wenn dort eine Diskothek gewesen wäre, wo sie getrunken oder Drogen genommen hätten, könnte man es ja noch erklären. Ich verstehe den Grund nicht, alle haben gebetet".[56]

Neopfingstler irren jedoch, wenn sie glauben, dass den Christen schon ein vollständig erlöstes Leben in dieser Welt versprochen ist. Auch als Christen leben wir in der Spannung des angebrochenen, aber noch nicht vollendeten Reiches Gottes. In der Prosperitätstheologie „wird missverstanden, was Schöpfung und Geschöpflichkeit bedeutet, und was Heil bedeutet: Heil bedeutet zuerst die geheilte Gottesbeziehung, dann die geheilten Beziehungen zwischen Menschen und zur übrigen Schöpfung. Die Gewissheit, dass dieses Heil von Gott in Christus geschenkt wird, bedeutet nicht Aufhebung jeglicher Erfahrung und Beendigung jedes Leids – wir bleiben eingebunden in die Grenzen unserer Geschöpflichkeit und in das Elend der Menschheit. Das ist kein Grund zur Resignation, sondern Aufforderung zum gegenseitigen Helfen und Heilen im Vertrauen auf das Heil, das wir gerade nicht schaffen können".[57]

4.3 Die Rolle des Geldes

Am 23. Dezember 1998 besuchte ich einen Gottesdienst der Igreja Universal in der imposanten „Kathedrale des Glaubens" von Fortaleza. Die Stimmung in der mit mehreren hundert Gläubigen gefüllten Kirche war emotional aufgeladen.

---

[55] „Das Gottesbild der Neopfingstler ist stark von autoritären Denkmustern geprägt. Gott ist hauptsächlich stark, allmächtig und der Herr ... Ein leidender Gott hat, wenn es um den Sieg geht, wenig Platz im kosmischen Kampf." Braungart 1995, 109.
[56] Zitiert nach Crivellaro et al. 1998, 44.
[57] Hemminger 1993, 13.

Nach einem ausgedehnten Lobpreisteil predigte einer der auf dem Podium anwesenden Pastoren über Apg. 5, 1-11 (Hananias und Saphira). Die Predigt ging davon aus, dass der Teufel Hananias und Saphira verführt habe, den Aposteln das Geld des Ackers nicht auszuhändigen. Er wisse nämlich, dass ein fleißiger Geber von Gott gesegnet sei. Analog versuche er die Menschen heute vom Geben des Zehnten abzuhalten, damit sie nicht von Gott gesegnet werden könnten. „Der Mensch erntet, was er sät", war der Tenor der Predigt, und um zu zeigen, wie eng der Segen Gottes mit der Gabe des Zehnten verknüpft ist, erzählte der Pastor folgende Geschichte: Eine Großmutter will bei einer Kirche ihren Zehnten entrichten, überlegt es sich jedoch an der Kirchenpforte anders. Sie öffnet den für die Kirche vorgesehenen Umschlag mit dem Geld wieder, um Fleisch für ihre Enkelinnen zu kaufen. Da sie sonst kein Geld mehr hat, kauft sie die Nahrung für ihre Familie mit dem Geld des Zehnten und wird daraufhin umgehend von Gott am nächsten Tag bestraft: Ihr Haus fängt Feuer als Folge der verweigerten Gabe.

Um ihren Anhängern ein ähnliches Schicksal zu ersparen, hat die Igreja Universal vorgesorgt. In dem Gottesdienst verteilten Ordner speziell für den Zehnten bestimmte Briefumschläge und an die Predigt schloss sich eine sogenannte „Gabenauktion" an. Der Pastor bat denjenigen, der 10 000 Reais (damals mehr als 10 000 Mark!) spenden will, nach vorne zu kommen. Als sich auf die Aufforderung niemand meldete, senkte er sukzessive den Geldbetrag, bis sich bei einer Summe von 200 Reais die ersten Leute von ihren Stühlen erhoben und zum Podium gingen. Der Pastor wollte nicht weniger als einen Minimumslohn (128 Reais) erbitten. Die hohen geforderten Geldbeträge hängen sicher mit dem Klientel der „Kathedrale des Glaubens" zusammen. Denn obwohl auch viele arme Personen an dem Gottesdienst teilnahmen, ist die vollklimatisierte Luxuskirche mit unterirdischem Parkhaus wohl der bevorzugte Gottesdienstort für die Anhänger der Igreja Universal aus Mittel- und Oberklasse.

Die „Gabenauktionen" (leilão de ofertas) sind in den Universalkirchen ein beliebtes Einnahmemittel. Sie beginnen immer mit Angeboten, die für das beteiligte Publikum sehr hoch sind. Der Betrag wird dann nach und nach gesenkt, bis die ersten Spendenwilligen nach vorne gehen. Manchmal wird unter einem Grenzwert keine Summe mehr genannt und der Rest der Gemeinde geht zum Podium, um einen beliebigen Betrag darzureichen.

Spendenaufrufe nehmen einen wichtigen Platz bei den Gottesdiensten der Igreja Universal ein, „das Geld ist der Programmpunkt von ungefähr 60 % der Zeit eines jeden Treffens ...".[58] Die Kirche ist sehr erfinderisch, wenn es um neue Einnahmequellen geht. So sollen Pastoren in Belo Horizonte den „Trinitätszehnten" eingeführt haben: Die Gläubigen sollten zehn Prozent ihrer Einnahmen für den Vater, zehn Prozent für den Sohn und zehn Prozent für den Heiligen Geist entrichten.[59]

Auch die anderen Neopfingstkirchen überlegen sich, wie sie die Spendenfreudigkeit ihrer Gläubigen steigern können. So berichtet Ari Pedro Oro, wie in der Kirche Deus é Amor die Pastoren zur Bildung von Gruppen auffordern, in der jeder Teilnehmer sich zur Spende eines bestimmten Betrages bereiterklärt. So können zum Beispiel zehn Personen nach vorne gerufen werden, die 10 Reais spenden. „Der Betrag sinkt erst, wenn die Gruppe komplett ist, was viele Minuten dauern kann. In diesen Fällen geht jede Person, die sich ebenfalls entschließt teilzunehmen, nach vorne und erhält großen Applaus. Die Euphorie steigt in dem Maß, wie die Gruppe sich vervollständigt. Bei der letzten Spende, bei der sich die Gruppe schließt, sind Euphorie und Enthusiasmus wirklich beeindruckend".[60]

Zumindest im Falle der Igreja Universal wird das ungenierte Zurkassebitten der Gläubigen in die Wohlstandstheologie eingebettet und durch sie legitimiert.[61] Wie aus dem oben er-

---

[58] Jardilino 1993, 22.
[59] Von dieser Absurdität berichtet Siepierski 1997, 53.
[60] Oro 1996a, 78.
[61] Ob auch andere Neopfingstkirchen ihre Spendenaufrufe mit einer ähnlichen Theologie wie die Igreja Universal untermauern, ist mir nicht bekannt. Es ist zu vermuten, dass auch sie theologische Begründungen suchen, um ihre Mitglieder zu reichen Gaben zu motivieren, doch es bedürfte weiterer Studien, um dies gesichert festzustellen. Insofern beschränken sich die folgenden Ausführungen streng genommen auf die Igreja Universal, auch wenn der Diskurs in dieser bedeutenden Neopfingstkirche wohl durch andere Neopfingstgruppen aufgegriffen werden dürfte.

wähnten Predigtbeispiel hervorgeht, segnet Gott einen fleißigen Geber. Bischof Macedo begründet den Zusammenhang in einer seiner Schriften: „Wenn wir Gott den Zehnten zahlen, dann bleibt Er in der Pflicht (weil Er es versprochen hat), Sein Wort zu erfüllen und die verheerenden Geister zu tadeln, die das Leben des Menschen ins Unglück stürzen, die in den Krankheiten, in den Unfällen, in den Süchten, in der sozialen Degradierung und in allen Sektoren menschlicher Aktivität wirken und die veranlassen, dass der Mensch ewig leidet".[62] Das Geld, dass der Gläubige Gott (in Gestalt seiner Kirche!) entrichtet, zwingt diesen also dazu, die störenden Dämonen zu bändigen. Gott ist hierbei nicht mehr souverän, sondern wird durch das gegebene Geld zum Schuldner des Menschen. Als biblische Begründung für diese Theologie wird gerne Mal. 3,10 angeführt, ein Vers, der auch auf den für den Zehnten bestimmten Briefumschlägen aufgedruckt ist.[63]

Die Annahme der Universalkirche, dass Gott durch die Zahlung des Zehnten zum Schuldner des Menschen wird, vereinigt archaische Opfervorstellungen[64] mit moderner kapitalistischer Marktlogik. „Wie in der Gesellschaft, so herrscht auch in der IURD (Igreja Universal do Reino de Deus, M.U.) die Logik der Manipulation durch die Macht des Geldes vor".[65] Fast alles ist in neoliberalen Gesellschaften käuflich, und wer etwas zahlt, hat auch Anrecht auf eine adäquate Gegenleis-

---

[62] Macedo, E., Vida com Abundância, 79.

[63] Mal 3,10: „Bringt aber die Zehnten in voller Höhe in mein Vorratshaus, auf daß in meinem Haus Speise sei, und prüft mich hiermit, spricht der Herr Zebaoth, ob ich euch dann nicht des Himmels Fenster auftun werde und Segen herabschütten die Fülle" (Lutherübersetzung 1984). Im Diskurs der Igreja Universal wird der Vers seinem Kontext entrissen und steht so über jeder weiteren exegetischen Untersuchung. Die Igreja Universal befürwortet die Akzeptanz aller Bibelstellen im Literalsinn, doch zeigt gerade dieses Beispiel die Schwäche einer solchen Sicht: „Wenn ... das Prinzip ‚tota scriptura' lautet, wer bestimmt dann die Perspektive des Gesamtverständnisses? Sofern man sich nicht konsequent an das Evangelium vom Gekreuzigten und Auferstandenen als das maßgebliche, die Mitte der Schrift repräsentierende Interpretationsprinzip hält, tun sich ungezählte Abwege willkürlicher bzw. häretischer Schwerpunktbestimmungen auf", Thiede 1991, 153.

[64] Vgl. Mauss 1968.

[65] Bobsin 1995, 27.

tung. Für den Zehnten muss der Gläubige also etwas Greifbares von Gott erhalten. Mit ihrer käuflichen Gnade trifft die Igreja Universal den Zeitgeist,[66] doch ihr Versprechen, dass bei der Zahlung des Zehnten die Dämonen auf Gottes Geheiß zurückgerufen werden, ist nur eine säkularisierte Form des Ablasses. Diesem muss mit reformatorischer Kritik begegnet werden. So heißt es in der 28. These Luthers „Das ist gewiß, wenn die Münze im Kasten klingt, können Gewinn und Habgier zunehmen; die Antwort auf die Fürbitte der Kirche aber steht allein in Gottes freiem Ermessen".[67]

Da die Igreja Universal eine Form der Werkgerechtigkeit vertritt, stellt sich die Frage, inwieweit sie überhaupt noch auf reformatorisch-protestantischem Boden anzusiedeln ist. So urteilt der baptistische Historiker Siepierski über die Neopfingstkirchen: „Die protestantischen Elemente des Pfingstlertums – Christozentrismus, Biblizismus, Union des Glaubens mit der Ethik – sind praktisch abwesend im Postpfingstlertum ... Das Postpfingstlertum ist genealogisch protestantisch, aber es ist es nicht in theologischer Hinsicht."[68] Grundzüge neopfingstlerischer Theologie haben sich tatsächlich vom herkömmlichen Protestantismus entfernt. Vielleicht kommt es in Zukunft wieder zu einer Annährung, wenn nach Weber die „Veralltäglichung des Charismas"[69] eintritt, doch dies bleibt abzuwarten.

---

[66] Vgl. Oro 1996b, 79: „In der globalisierten Wirtschaft gilt das Gesetz des Marktes. Die gesamte Gesellschaft ist in ihrer Funktion den Normen und der Logik der ökonomischen Werte unterworfen. Nur das hat Wert, was man kaufen und verkaufen kann."
[67] Luther 1984, 28.
[68] Siepierski 1997, 52. Siepierski bezeichnet die Neopfingstkirchen als „Postpfingstlertum", um sie deutlich von traditioneller Pfingstfrömmigkeit abzuheben.
[69] Weber 1980, 140 ff.

5. Gründe für das Wachstum der Neopfingstkirchen

5.1 Neopfingstkirchen und Volksreligiosität

Die Religiosität der Pfingst- und Neopfingstkirchen betont sehr stark den emotionalen Ausdruck und lässt kognitive Elemente in den Hintergrund treten.[70] Emotionalität ist nicht nur postmodern,[71] sondern ein wichtiger Aspekt lateinamerikanischer Lebensweise. So schreibt der katholische Erzbischof Dom J. M. Pires: „Wir Lateinamerikaner werden nicht sehr berührt von der Logik der Überlegung. Wir sind gefühlsbetont und was uns aus der Trägheit reißt und uns gehend macht, ist das, was unsere Emotionen trifft. Die traditionellen Kirchen haben dies nie gut verstanden".[72]

Neopfingstlerische Kirchen sprechen geschickt die Gefühle der Gläubigen an, das emotionale Ereignis transzendiert den oft tristen Alltag.[73]

Auch der in Brasilien von weiten Bevölkerungsteilen praktizierte Volkskatholizismus legt mehr Wert auf Emotionen und weniger auf kopflastige römische Doktrinen. Es ist interessant, ihn ein wenig genauer zu betrachten, da er für die Neopfingstkirchen direkte Anknüpfungspunkte bietet. Der in Brasilien von „... den Portugiesen eingepflanzte Katholizismus hatte schon viele mystische und heidnische Einflüsse. Der Kontakt mit den indianischen und afrikanischen Religionen verstärkte abergläubische, magisch-fetischistische und animistische Ideen".[74] Der Katholizismus, dem viele Brasilianer folgen, ist gekennzeichnet durch eine exzessive Heiligenverehrung, spiritistische Vorstellungen (in einer Gallup-Umfrage

---

[70] Harvey Cox sieht hierin einen entscheidenden Grund für die Ausbreitung der Pfingstbewegung. Vgl. Cox 1994, 81.

[71] Vgl. Pedde 1997, 244: In der Postmoderne „... behaupten sich der Körper und die Sinne anstatt der Vernunft".

[72] Pires 1993, 114.

[73] Braungart hat zu Recht auf den „Unterhaltungswert" von neopfingstlerischen Gottesdiensten hingewiesen (Braungart 1995, 62). In ärmeren Wohnvierteln Brasiliens hat man abends nur wenig Möglichkeiten der Freizeitgestaltung. Außer Fernsehen bleiben oft nur Bars oder eben Gottesdienste.

[74] Bezerra de Oliveira 1993, 17.

1990 erklärten 45 % der Katholiken, dass sie an die Reinkarnation glauben[75]), magische Krankheitsvorstellungen und eine Reihe abergläubischer Bräuche.

Das „aggiornamento" des II. Vatikanischen Konzils vergrößerte den Abstand zwischen Volkskatholizismus und theologischem Lehramt, indem es einem aufgeklärten Katholizismus die Bahn brach. Häufig steht der Volkskatholizismus, der irdische Ereignisse ebenfalls als Ergebnis des Einwirkens von geistigen, irrationalen Mächten deutet, dem neopfingstlerischen Diskurs näher als dem heutigen katholischen. Im Volksglauben wirken die „Totengeister, popularisiert als ‚Seelen', autonome Wesen, die in der Welt gegenwärtig sind und das Leben der Menschen beeinflussen, fähig das Gute und das Böse zu bewirken, Hilfe und Schrecken. Kurz, der Dämon, dessen Macht über die Menschen im Volksglauben praktisch keine Grenzen kennt".[76]

Der katholische Klerus in Brasilien kann einem solchen Weltbild oft nicht folgen. Viele Priester kommen aus dem europäischen oder nordamerikanischen Ausland[77] und auch viele brasilianische Geistliche haben sich nach einem sechsjährigen Philosophie- und Theologiestudium im Seminar von solchen Vorstellungen verabschiedet. Neopfingstlerische Pastoren werden hingegen in wenigen Monaten ausgebildet und bleiben so in dem sozialen Milieu, aus dem sie entstammen und zu dem sie predigen sollen. Zudem begünstigt der eklatante Priestermangel in Brasilien die Schwäche katholischer Verkündigung.[78]

Manche der Neopfingstkirchen greifen auch auf magische populär-katholische Vorstellungen zurück, indem sie Objekte sakralisieren. Den Gläubigen werden gesalbte Gegenstände wie Öl, Wasser, Salz, Rosen etc. zum Kauf angeboten, die bei Berührung die schädlichen Dämonen neutralisieren sollen.[79]

---

[75] Hortal 1993, 19.
[76] Gomes 1994, 257.
[77] Vgl. Martin 1990, 62.
[78] 1985 gab es in Brasilien nur 13.176 Priester, verglichen mit bereits 15.000 Pastoren. AaO., 50 f. Nach A. P. Oro betreut ein Priester knapp 10.000 Gläubige (Oro, A.P. 1996a, 91).
[79] Vgl. hierzu den Bericht von Bobsin 1995, 26.

Solche Handlungen mystifizieren Gegenstände und verleihen den Pastoren eine sakrale Sonderstellung. Sie sind weit von dem protestantischen Postulat des Priestertums aller Gläubigen entfernt, haben aber große Nähe zum synkretistischen Volkskatholizismus.

Der Volkskatholizismus bietet allerdings nicht den einzigen Berührungspunkt der Neopfingstkirchen zu etablierten brasilianischen Religionen. Auch bezüglich der afro-brasilianischen Kulte wie Umbanda oder Candomblé lassen sich Parallelen feststellen. In den aus Afrika stammenden Religionen spielt die Besessenheit von Menschen durch Geister eine wichtige Rolle. Während religiöser Riten ergreifen Geister von den Gläubigen Besitz, die dann in Trance versetzt tanzen. Auch Krankheiten lassen sich auf Geister zurückführen und werden durch deren Beschwichtigung geheilt.[80] Es ist kein Zufall, dass manche Neopfingstkirchen die Dämonen mit den Geistern der afro-brasilianischen Kulte in Verbindung bringen. „Umbanda und Pfingstlertum sind zwei Interpretationen von Besessenheit, die Seite an Seite in unserer Gesellschaft existieren und in gereizter Konkurrenz zueinander stehen."[81] Die Konkurrenz ist jedoch nicht zuletzt aufgrund der Nähe des religiösen Diskurses so erbittert.

Brasilianische Neopfingstkirchen greifen auf im Volk tief verwurzelte Vorstellungen zurück, und dies macht einen wichtigen Teil ihrer Attraktivität aus.

5.2 Neopfingstkirchen und Modernität

Neopfingstkirchen sind moderne religiöse Dienstleistungsanbieter. Man muss nicht unbedingt Kirchenmitglied sein, um bestimmte Dienste in Anspruch zu nehmen. Da die Dämonen für alle Übel verantwortlich sind, jedoch der Autorität der Pastoren unterliegen, kann jeder bei Bedarf auf die „Dienstleistung" der Kirche zurückgreifen und Exorzismen vornehmen lassen. Dabei ist jedoch eine längerfristige Bindung erwünscht: Neopfingstlicher Diskurs verheißt nur den

---

[80] Vgl. Droogers 1985, 35.
[81] A.a.O., 41.

ständigen Mitgliedern lang anhaltendes Glück, einzelne Exorzismen lösen nur punktuelle Probleme.[82]

Im Vergleich zu den traditionellen Pfingstkirchen haben die Neopfingstkirchen oft den Verhaltenskodex für ihre Gläubigen gelockert. Während es zum Beispiel Frauen in der Assembleia de Deus nicht gestattet ist, Schmuck und kurze Kleider zu tragen, unterscheiden sich gläubige Frauen der Universalkirche äußerlich nicht mehr von anderen Brasilianerinnen.[83] In der Lockerung des Verhaltenskodexes gibt es jedoch Unterschiede und es müsste für die einzelnen neopfingstlerischen Gruppen genauer untersucht werden, inwieweit sich diese an den modernen Lebensstil angepasst haben.[84] Alkohol, Drogen und außereheliche intime Beziehungen sind gemeinhin auch weiterhin Tabus, an denen nicht gerüttelt wird. Indem sich jedoch bestimmte Neopfingstkirchen bezüglich Kleidung und Freizeitkonsum der Mode anpassen, bauen sie Berührungsängste ab und werden in ihrem Appell attraktiver.[85]

Bei der Verbreitung ihrer Botschaft bedienen sich die Neopfingstkirchen moderner Mittel. Von vielen Gruppen werden regelmäßig Massenveranstaltungen in Fußballstadien abgehalten und bei der Werbung neuer Anhänger wird effektiv auf die modernen Massenkommunikationsmittel zurückgegriffen. So besitzt die Igreja Universal mit dem Fernsehsender TV Record die drittgrößte Fernsehkette des Landes, auf dem sie wöchentlich ca. 40 Stunden religiöses Programm anbietet.[86] Die „elektronische" Botschaft kommt anscheinend an: Bei einer Umfrage gaben 46 % der befragten Gläubigen der Igreja Universal an, dass sie aufgrund von Aufforderungen in den Massenkommunikationsmitteln den Weg zur Kirche gefunden haben.[87]

---

[82] Vgl. Gomes 1994, 240.
[83] Vgl. Oro 1996a, 55.
[84] So ist Gläubigen der Igreja Deus é Amor das Fernsehen nicht gestattet.
[85] Nicht zuletzt für die selbstbewusste Mittelklasse. Vgl. Oro 1996a, 56.
[86] Vgl. a.a.O., 65. Auch die traditionellen Pfingstkirchen bedienen sich in großem Umfang des Fernsehens. Die Assembleia de Deus läßt landesweit täglich 2000 religiöse Programme in privaten und öffentlichen Fernsehkanälen ausstrahlen, die Igreja do Evangelho Quadrangular ca. 600. Brasilien soll so bereits weltweit nach den USA der zweitgrößte Produzent evangelikaler Fernsehprogramme sein (vgl. a.a.O., 66).
[87] Vgl. a.a.O., 68.

Fernsehen und Radio verbreiten die Konvertierungsaufrufe mit großer Streuweite und vermitteln den Neopfingstkirchen ein modernes Image.

5.3 Neopfingstkirchen als Überlebensstrategie

Seit den 50er Jahren sind die Gesellschaften Lateinamerikas einem raschen gesellschaftlichen und ökonomischen Wandel unterworfen: Die Agrargesellschaften vollzogen eine nachgeholte Industrialisierung, der wirtschaftliche Schwerpunkt verlagerte sich vom Land in die Städte.[88] Der Modernisierungsprozess kam leider bei weitem nicht allen Menschen zugute, die fortschreitende Landflucht verschärfte gar die gesellschaftlichen Probleme. Heute leben nach wie vor große Teile der Bevölkerung in Armut, aus der die Betroffenen kaum entrinnen können.

Die Neopfingstkirchen problematisieren diese Armut und machen sie zu einem Hauptaugenmerk ihres theologischen Diskurses. Die Dämonen sind schuld an den Problemen und nach deren Austreibung ist ein Leben in Glückseligkeit möglich. Aufgeklärte Menschen mögen hierin eine Scheinerklärung sehen, aber für viele Menschen in Lateinamerika machen die Neopfingstkirchen die Lage verständlich und bieten ihnen durch die Prosperitätstheologie eine Hoffnungsperspektive.

Der Zulauf zu den Neopfingstkirchen zeigt gerade, dass sich die armen Menschen mit ihrer Situation nicht länger abfinden möchten, sondern nach Möglichkeiten der sozialen Mobilität suchen.[89] Für viele Betroffene scheint eine persönliche Bekehrung schneller zum Ziel zu führen, als die von Befreiungstheologen geforderte Veränderung der gesellschaftlichen Strukturen. „In contrast to liberation theology, evangelicals offered to improve one's life through a simple personal decision, to surrender to Christ. That sounded easier than overturning the social order."[90]

---

[88] Vgl. Martin 1995, 105.
[89] Vgl. Gomes 1994, 267 f.
[90] Stoll 1990, 314.

In den Neopfingstgemeinden erhalten die gesellschaftlich Marginalisierten ein neues Selbstwertgefühl, die Einbindung in die Gemeinschaft stärkt das Selbstbewusstsein der im Alltag oft nicht Beachteten. Die Menschen erhalten das Gefühl, gebraucht zu werden, und das nicht für irgend etwas, sondern für die Sache Gottes selbst.[91]

Besonders große Anziehungskraft auf die ärmere Bevölkerung geht von den Heilungsversprechen der Neopfingstkirchen aus. Dies hängt sicher mit dem unzureichenden Gesundheitssystem Brasiliens zusammen. Viele Brasilianer „können es sich einfach nicht leisten, einen Arzt aufzusuchen, und werden vom staatlichen Gesundheitswesen nicht annähernd zufriedenstellend erreicht. Ihnen bleibt nur die Alternative, sich entweder selbst zu verarzten oder sich einer Religionsgemeinschaft anzuvertrauen, die ihnen Heilung verspricht."[92]

Auch die verheißene Wiederherstellung verütteter Familienverhältnisse durch eine neue ethische Orientierung lässt die Neopfingstkirchen, wie evangelikale Glaubensgemeinschaften überhaupt, für große Bevölkerungsteile attraktiv erscheinen. Alkohol und Ehebruch setzen viele Familien in Lateinamerika enormen Belastungsproben aus, und dagegen verspricht eine rigide normative Ethik seitens der Neopfingstkirchen Abhilfe. Besonders Frauen leiden unter den Auswüchsen einer Machogesellschaft, und so verwundert es nicht, dass sie zwei Drittel der Proselyten ausmachen, die in Lateinamerika zu evangelikalen Glaubensgemeinschaften übertreten.[93] Die protestantischen Gemeinden geben Frauen Trost und Kraft, den Alltag besser zu bewältigen, und sollte der Frau die Bekehrung ihres Mannes tatsächlich gelingen, wird das familiäre Leben oft entscheidend entlastet. Die rigide Ethik pfingstlerischer und neopfingstlerischer Kirchen hat schon viele Familien von den Zerwürfnissen befreit, die Alkohol, Glücksspiel oder Ehebruch geschaffen haben. Durch das veränderte Verhalten vor allem der Männer bleibt den Familien mehr Geld für den

---

[91] Vgl. Moltmann 1992, 273: „Geisterfahrung und fundamentalistische Bibelorientierung machen aus passiven Objekten Subjekte und vermitteln den ‚Unpersonen' personales Selbstwertgefühl."
[92] Hoch 1997, 52.
[93] Vgl. Drogus 1997, 51.

Kauf wichtiger Dinge in der Haushaltskasse, und so tritt die von den Neopfingstkirchen versprochene Verbesserung der finanziellen Verhältnisse manchmal tatsächlich ein.

Positiv für die Familien wirkt sich hierbei auch eine von vielen neopfingstlerischen Gruppen befürwortete künstliche Familienplanung aus. Während die katholische Kirche nach wie vor Verhütungsmitteln ablehnend gegenübersteht, äußert sich die Folha Universal offen über die Vorzüge von Präservativen.[94] Dies ist hinsichtlich der großen Probleme, die das starke Familienwachstum oder Aids in Brasilien verursachen, ein wichtiger Anfang.[95]

Die ethischen Veränderungen, die die Neopfingstkirchen hervorrufen, sind keine Trivialitäten und sie verdienen eine positive Würdigung. Neopfingstler analysieren zwar nicht die Ursachen, z. B. für die in den Unterschichten weitverbreitete Alkoholabhängigkeit, aber durch ihre rigide Ethik bieten sie praktische Hilfe und geben den Individuen, die in Alkohol, Drogen oder andere Laster verstrickt sind, neue Perspektiven. J. M. Pires schrieb als katholischer Erzbischof, der der Befreiungstheologie nahe steht: „Mehr Personen sind dazu übergegangen, die Bibel zu lesen und im Wort Gottes eine klare und sichere Orientierung für ihr Leben zu suchen. Man argumentiert, dass dies eine fundamentalistische und anachronistische Lesart sei. Mag sein. Aber selbst so ist sie wohltuend, denn sie regt zum Denken an und bewirkt Veränderungen im Verhalten. Viele verlassen die Süchte, in denen sie sich gefangen glaubten, hören auf, gewalttätig zu sein, widmen sich mit Ernst der Arbeit, werden zu guten Familienvätern."[96]

---

[94] Vgl. den Artikel „Homens resistem ao uso de contraceptivos", in: Folha Universal, Ano V, No 350, 6A.

[95] Vgl. Cox 1994, 137. „... I have noticed in the many pentecostal bookstores I have visited in both Latin America and the United States that family planing is considered to be an important Christian responsibility. This suggests that the rapid spread of pentecostalism in third world countries where the Catholic Church opposes birth control could make a tremendous difference. It could be a major factor in reversing the deadly momentum of the population explosion."

[96] Pires 1993, 105.

6. Gesellschaftliche Implikationen neopfingstlerischer Aktivität

6.1 Politische Ambitionen

Das in den ersten Jahrzehnten der Pfingstbewegung gültige Prinzip politischer Enthaltsamkeit hat für viele Neopfingstkirchen keine Gültigkeit mehr.[97]

Als über 100.000 Protestanten den Karfreitag 2002 mit einer Großveranstaltung in Belo Horizonte feierten, wurde in Sprechchören ein evangelischer Präsident Brasiliens gefordert.[98] Tatsächlich trat bei den Präsidentschaftswahlen im Oktober 2002 mit Anthony Garotinho ein presbyterianischer Kandidat an, der im Wahlkampf religiöse Töne anschlug und schließlich 17,89 % der Stimmen auf sich vereinigen konnte.[99]

Bei den Wahlen 2002 stieg auch die Anzahl der protestantischen Abgeordneten im Kongress auf 48 Parlamentarier. 1994 lag sie noch bei 26, 1998 bei 44 Abgeordneten. Die Abgeordneten gehören verschiedenen Parteien an, werden aber wohl bei Fragen, die ihre religiösen Moralvorstellungen betreffen, zusammen auftreten (wohl bei Themen wie Abtreibung, homosexuelle Lebensgemeinschaften, Frage der Legalisierung von Drogen, Religion als Unterrichtsfach an öffentlichen Schulen).[100]

Die Universalkirche ist bereits 1998 mit 1,4 Millionen Stimmen für ihre 28 Bundesparlamentskandidaten zu einer politischen Kraft „mit einem Wählerpotential ähnlich den mittelgroßen Parteien"[101] geworden. Dabei hat sie kein klar

---

[97] Es ist jedoch für die einzelne Gemeinschaft zu untersuchen, inwieweit diese allgemeine Äußerung zutrifft. Die Kirche Deus é Amor verbietet nach wie vor ihren Mitgliedern, politisch aktiv zu werden (Freston 1994, 129). Hingegen haben sich auch Teile von „klassischen" Pfingstkirchen von der Maxime der politischen Enthaltsamkeit entfernt. Vgl. Stoll 1990, 111.

[98] Edward 2002, 92.

[99] Otavio, C., Dividos pelos partidos, unidos pela religião.

[100] Ebd. Die 48 Abgeordneten stellen nur knapp 10 % aller Abgeordneten dar. Protestanten folgen jedoch verstärkt einem „Brother votes for Brother" Prinzip, das sich nach neopfingstlicher Logik auch nahe legt: Wenn Dämonen für alle gesellschaftlichen Übel verantwortlich sind, dann braucht man an den entscheidenden Stellen bevollmächtigte Christen, die diese bekämpfen können.

[101] Fonseca 1998, 20.

formuliertes politisches Programm. Ihre Abgeordneten sind dem Wohl der Organisation verpflichtet und werden besonders aktiv, wenn direkt Belange der Kirche betroffen sind. So setzten sie sich z. B. für die umstrittene Konzession des kircheneigenen Fernsehkanals TV Record ein[102] und bewirkten ein Veto gegen ein Gesetz, das die Lärmbelästigung (und somit die Wortgewalt ihrer Prediger) begrenzen wollte.[103] Auch als Edir Macedo 1992 für zwölf Tage inhaftiert war, sprangen mit der Kirche verbundene Abgeordnete in die Bresche und versuchten, politischen Druck für Macedos Freilassung zu erzeugen.[104]

1994 mischte sich die Igreja Universal direkt in den Präsidentschaftswahlkampf ein. Vor 400.000 Zuhörern sprach sich Bischof Macedo in Rio de Janeiro offen gegen den Kandidaten der Arbeiterpartei und heutigen Präsidenten Brasiliens Lula aus. Macedo stilisierte die Wahl zu einem „Disput zwischen Kandidaten von Gott und dem Teufel"[105] hoch. In diesen scharfen Tönen, die in den letzten beiden Präsidentschaftswahlkämpfen wohl fehlten, zeigt sich eine antisozialistische Ausrichtung der Kirchenführung, was bei der propagierten Prosperitätstheologie nicht weiter verwundert.[106]

Es ist bedenklich, dass eine Kirche ihre religiöse Autorität offen für politische Ambitionen missbraucht und dadurch einen demokratischen Meinungsbildungsprozess ihrer Anhänger manipuliert.

---

[102] Vgl. Freston 1994, 135.
[103] Vgl. Crivellaro et al. 1998, 45.
[104] Vgl. Freston 1994, 156.
[105] Oro 1996b, 21.
[106] Die politische Gesinnung von evangelikalen Christen in Lateinamerika ist tendenziell eher konservativ, bisweilen betont antisozialistisch. Dies ist jedoch nur eine Tendenz. So sammeln sich in Brasilien evangelikale Linke und Gewerkschaftler im 1991 gegründeten „Movimento Evangélico Progressista".

6.2 Die Reaktion der katholischen Kirche

Während pfingstlerische Gruppen wachsen, sinkt der katholische Bevölkerungsanteil Brasiliens.[107]

Der katholische Klerus ist darüber besorgt, kann sich jedoch in der Bewertung des Phänomens nicht einig werden. Meinungsverschiedenheit besteht besonders zwischen dem progressiven und dem konservativen Flügel der katholischen Kirche und es scheint, dass der Sündenbock für das Wachstum der Neopfingstkirchen gerne im anderen Lager gesucht wird.[108]

Uneinigkeit besteht auch, mit welchen konkreten pastoralen Maßnahmen diesem Wachstum begegnet werden soll. Die Basisgemeinden setzen auf eine Ausdifferenzierung ihrer Aktivitäten und widmen den Bedürfnissen des Individuums mehr Aufmerksamkeit. So werden in der Befreiungstheologie verstärkt personale Belange wie z. B. Gesundheit, Körperlichkeit und Emotionen aufgegriffen. Traditionalistische Priester und Bischöfe versuchen hingegen, volkskatholische Elemente wiederzubeleben: Heiligenverehrung, Segnungen von Personen und Gegenständen, Prozessionen und Wallfahrten sowie Messen zu besonderen Anlässen werden verstärkt betont oder dort, wo sie aus der Mode gekommen sind, wieder neu eingeführt.[109]

Von einer dritten Gruppe wird versucht, die Pfingstler und Neopfingstler mit ihren eigenen Waffen zu schlagen. Die Katholische Charismatische Erneuerung (Renovação Carismática Católica) betont ähnlich wie pfingstlerische Frömmigkeit Bekehrung, Geistesgaben und Heiligung, hält aber an der katholischen Heiligen- und Marienverehrung fest. Auch fehlen in ihr neopfingstlerische Prosperitätstheologie und spektakuläre Exorzismen. Manche Katholiken begrüßen die Charismatische Erneuerung als Hoffnung der Kirche, Befreiungstheo-

---

[107] Bekannten sich 1950 noch 93,5 % der Brasilianer zum Katholizismus, so ist diese Zahl bis 1995 auf wahrscheinlich 75 % gesunken. Vgl. Oro 1996a, 90 f.
[108] Pfingst- und Neopfingstkirchen wachsen jedoch in „progressiven" und „konservativen" Diözesen gleichermaßen. Antoniazzi 1994, 21.
[109] Vgl. Oro 1996a, 97.

logen bezichtigen sie hingegen, sich im Kampf um die Gläubigen derselben Methoden wie Pfingst- und Neopfingstkirchen zu bedienen.[110] Die Charismatische Erneuerung trifft
den Zeitgeist und konnte in den letzten Jahren einen bestän-
digen Zulauf verzeichnen: Sie hat rund 8 Millionen Anhänger.[111]

In den verschiedenen Ausrichtungen des Katholizismus ist
der Wunsch spürbar, stärker auf die individuellen religiösen
Bedürfnisse der Gläubigen einzugehen. Es bleibt abzuwarten,
ob es der katholischen Kirche gelingt, den Trend der Abwan-
derung zu wenden.

7. Schlusswort

Die Neopfingstkirchen sind in Brasilien zu einer wichtigen
religiösen Kraft geworden. Ihre theologischen Fixpunkte sind
eine ausgeprägte Dämonologie und die Prosperitätstheologie.

Durch die Spiritualisierung persönlicher und gesellschaftli-
cher Probleme lassen die Neopfingstler den Status quo der un-
gerechten sozialen Strukturen unangetastet und sichern sich
Autorität über die Gläubigen. Die Gefahr der politischen Manipulation besteht.

Ein Großteil der Anhänger neopfingstlicher Gemeinschaften ist arm und marginalisiert. Viele der Gläubigen erfahren
tatsächlich, dass sich durch eine Bekehrung und die Befolgung
ethischer Normen ihre Situation und die ihrer Familie verbes-
sert.

Die Attraktivität der Neopfingstkirchen ist nicht alleine auf
die soziale Krise Brasiliens zurückzuführen, doch durch diese
begünstigt. Verantwortungsbewusste Christen sollten einen
Bewusstseinsprozess über die gesellschaftlichen Probleme för-

---

[110] A.a.O., 99.
[111] Cardoso 1998, 149. Die Charismatische Erneuerung ist als innerka-
tholische Gruppe zahlenmäßig weit stärker als die in den Basisgemeinden
organisierten Christen. In einer Studie von 1994 umfasst die Renovação
Carismática 3,8 % der Wählerschaft (ca. 4 Millionen Anhänger), die
CEBs (Basisgemeinden) nur 1,8 % (ca. 2 Mill. Anhänger. Vgl. Oro
1996a, 112. Da heute mit 8 Millionen katholischen Charismatikern ge-
rechnet wird, haben sich die Gewichte sogar noch mehr verschoben.

dern. „Denn soziale und politische Ungerechtigkeit sind der eigentliche Nährboden für den leicht zu Radikalismus umschlagenden Fundamentalismus. Recht und Gerechtigkeit aber ersticken seine Keimlinge."[112]

Die religiösen Qualitäten der Neopfingstkirchen sollten ernst genommen werden. Ihre Gottesdienste berühren die Gläubigen emotional und ihre Theologie knüpft an tief verwurzelte volksreligiöse Vorstellungen an. Vormoderne und moderne Elemente bestärken sich bei den Neopfingstkirchen gegenseitig.[113] Katholizismus und historisch-protestantische Denominationen können von den neopfingstlerischen Bewegungen lernen, mehr auf die emotionalen Bedürfnisse ihrer Gläubigen einzugehen. Die Sehnsucht der Menschen nach erfahrbarem Heil und nach Heilung muss ernst genommen werden, darf jedoch nicht der Vermarktung anheim fallen. Der Mensch darf auch nicht in eine enge Relation zu seiner Leistung, seiner Prosperität und seinen Werken gesetzt werden. „Menschenwürde ist mehr als nur Marktwert … Frauen und Männer sind als Personen vor Gott zu achten und von ihren Marktwerten und -unwerten zu befreien. Wir brauchen auf dem Markt die relevante Botschaft der Rechtfertigung der Menschen allein aus Gnade, ohne des Marktes Werke. Wir brauchen Gemeinschaften, in denen sich Menschen als Personen angenommen und geachtet fühlen, damit sie im Kampf aller gegen aller auf dem Markt nicht untergehen."[114] Die Kirchen in Brasilien, aber nicht nur dort, sind aufgerufen, solche Gemeinschaften zu schaffen und zu stärken.

---

[112] Sundermeier, 1998, 362.
[113] Vgl. Martin 1990, 282f.
[114] Moltmann 1995, 157.

Literatur

Die Bibel. Nach der Übersetzung Martin Luthers, Deutsche Bibelgesellschaft Stuttgart (Hg.), Stuttgart 1985

Neopfingstlerische Publikationen

Macedo, Edir (1996): Vida com Abundância, Rio de Janeiro, 1996, 12.
ders. (1997): O Caráter de Deus, Rio de Janeiro, 1997, 3.
Folha Universal, Jg. V, Nr. 350, 20-26.12.1998, Rio de Janeiro

Sekundärliteratur

Antoniazzi, Alberto (1994): A Igreja Católica face à expansão do pentecostalismo (Pra começo da conversa), in: Nem anjos, nem demônios. Interpretações sociologicas do Pentecostalismo, Petrópolis, 1994, 17-23

Appleby, Scott (1997): Wohlstandspredigt für die Armen der Welt, in: der überblick. Zeitschrift für ökumenische Begegnung und internationale Zusammenarbeit I / 1997, 36-39

Bezerra de Oliveira; Frei Hermínio (1993): Formação histórica do catolicismo popular no Brasil, in: Conferência Nacional dos Bispos do Brasil (Hg.), A Igreja católica diante do pluralismo religioso no Brasil (II) (Estudos da CNBB 69), São Paulo 1993, 9-25

Bobsin, Oneide (1995): Teologia da Prosperidade ou Estratégia de Sobrevivência. Estudo Exploratório, in: Estudos Teológicos 35/1 (1995), 21-38.

Braungart, Karl (1995): Heiliger Geist und politische Herrschaft bei den Neopfingstlern in Honduras, Frankfurt a. M., 1995

Cardoso, Rodrigo (1998): Bafafá da fé, in: Veja Jg. 31, Nr. 50 (16.12.1998), 149

Centro Ecumênico de Documentação e Informação, Hg. (1991): Alternativas dos desesperados: Como se pode ler o pentecostalismo autônomo, Rio de Janeiro

Coleman, John (1992): Fundamentalismus als weltweites Phänomen. Soziologische Perspektiven, in: Concilium 28 (1992), 221-228

Cox, Harvey (1994): Fire from Heaven. The Rise of Pentecostal Spirituality and the Reshaping of Religion in the Twenty-first Century, Reading, Mass., Menlo Park, Ca., New York etc.

Crivellaro, Debora; Greenhalgh, Laura; Ramos, Alberto; Ramos, Henrique (1998): Os Deserdados da Fé, in: Época Jg. 1, Nr. 17 (14.9.1998), 40-45

Deiros, Pablo A. (1997): Fundamentalismus der kleinen Leute, in: der überblick. Zeitschrift für ökumenische Begegnung und internationale Zusammenarbeit I / 1997, 44-48

Drogus, Carol Ann (1997): Ein bißchen Trost im Geschlechterkrieg, in: der überblick. Zeitschrift für ökumenische Begegnung und internationale Zusammenarbeit I / 1997, 50-54

Droogers, André (1985): E a Umbanda? (Série Religiões 1), São Leopoldo

Duchow, Ulrich; Eisenbürger, Gerd / Hippler, Jochen, Hg. (1989), Totaler Krieg gegen die Armen – geheime Strategiepapiere der amerikanischen Militärs, München 1989

Edward, José (2002): A força do Senhor, unter Mitarbeit von Oliveira, Maurício und Oliveira, Neide, in: Veja Jg. 35, Nummer 26 (3. Juli 2002), 88-95

Eimuth, Kurt-Helmuth, Lemhöfer, Lutz (1993): Auf Du und Du mit den geistlichen Mächten. Neopfingstlerische Gruppierungen und Gemeindeneugründungen im Großraum Frankfurt, in: dies. (Hg.), Einschnürende Geborgenheit. Christlicher Fundamentalismus im Aufwind (Forum Spezial), Frankfurt a. M., 25-42

Fernandes, Rubem César (1994): Governo das almas. As denominações evangélicas no Grande Rio, in: Nem anjos, nem demônios. Interpretações sociologicas do Pentecostalismo, Petrópolis, 163-203

Filho, José Bittencourt (1994): Remédio amargo, in: Nem anjos, nem demônios. Interpretações sociologicas do Pentecostalismo, Petrópolis, 24-33

Fonseca, Alexandre Brasil (1998): A maior Bancada Evangélica, in: tempo e presença Nr. 302 (November/Dezember 1998), 20-23

Forganes, Rosely, Nascimento, Gilberto (1997): Vexame no Exterior, in: Istoé Nr. 1467 (12.11.1997), 42

Freston, Paul (1994): Breve história do pentecostalismo brasileiro, in: Nem anjos, nem demônios. Interpretações sociologicas do Pentecostalismo, Petrópolis, 1994, 67-159

ders. (1995): Pentecostalism in Brazil: A Brief History, in: Religion 25 (1995), 119-133

Fritsche, Ulrich (1985): Heilung/Heilungen II, in : Theologische Realenzyklopädie Bd. XIV, Berlin, New York, 768-774

Gifford, Paul (1993): Neue Religiöse Bewegungen in Afrika, in: Evangelisches Missionswerk (Hg.), Christlicher Fundamentalismus in Afrika und Amerika (Weltmission heute Nr. 13), Hamburg, 39-50

Gomes, Wilson (1994): Nem anjos nem demônios. O estranho caso das novas seitas populares no Brasil da crise, in: Nem anjos, nem demônios. Interpretações sociologicas do Pentecostalismo, Petrópolis, 225-270

Gonçalvez, Daniel Nunes, Paixão, Roberta (1997): Um novo templo, in: Veja Jg. 30, Nr. 41 (15.10.97), 115-116

Gutiérrez, Gustavo (1973): Die Theologie der Befreiung, München

Hemminger, Hansjörg (1993): Die Suche nach der richtigen Therapie. Der Heilungsmarkt heute, in: Eimuth, Kurt-Helmuth / Lemhöfer, Lutz (Hg.), Heil und Heilung. Ganzheitliches Heilen in Theologie, Medizin und Esoterik (Forum Spezial), Frankfurt a. M., 4-13

Hoch, Lothar Carlos (1997): Heilung braucht Gemeinschaft – Beobachtungen aus Brasilien, in: der überblick. Zeitschrift für ökumenische Begegnung und internationale Zusammenarbeit I / 1997, 52-53

Hollenweger, Walter J. (1971): Die Pfingstkirchen. Selbstdarstellungen, Dokumente, Kommentare (Die Kirchen der Welt Bd.VII), Stuttgart

ders. (1986): After Twenty Years Research on Pentecostalism, in: International Review of Mission 75/297 (Jan. 1986), 3-12

ders. (1997): Charismatisch-pfingstliches Christentum. Herkunft, Situation, ökumenische Chance, Göttingen

Hortal, Jesus (1993): A Igreja e os novos grupos religiosos (Estudos da CNBB 68), São Paulo 1993

Ireland, Rowan (1985): Kingdoms Come. Religion and Politics in Brazil, Pittsburgh 1985 ders. (1992): Pentecostalism, Conversions and Politics in Brazil, in: Religion 25 (1992), 135-145

Jardilino, José Rubens L. (1993): Sindicato dos Mágicos. Um Estudo de Caso da Eclesiologia Neopentecostal, São Paulo

Junqueira, Eduardo (1998a): Possuídos pelo fogo de Deus, in: Veja Jg. 31, Nr. 51 (23.12.1998), 70-76

ders. (1998b): Uma estrela no altar, in: Veja Jg. 31, Nr. 44, (4.11.1998), 114-120

Kruip, Gerhard (1996): Die Theologie der Befreiung und der Zusammenbruch des realen Sozialismus – eine unbewältigte Herausforderung, in: Zeitschrift für Missions- und Religionswissenschaft 1/1996, 3-25

Lalive d' Epinay, Christian (1971): Chile, in: Hollenweger, Walter J. (Hg.), Die Pfingstkirchen. Selbstdarstellungen, Dokumente, Kommentare (Die Kirchen der Welt Bd. VII), Stuttgart, 96-114.

Leick, Romain (1995): Soldat Gottes, in: Spiegel 47/1995 (20.11.1995), 222

Lovett, Leonard (1988): Positive Confession Theology, in: Burgess, Stanley M.; McGee, Gary B. (Hgg.), Dictionary of Pentecostal and Charismatic Movements, Grand Rapids, 1988, 718-720

Luther, Martin (1964): Disputatio de justificatione (1536), in: Aland, Kurt (Hg.), Luther Deutsch. Die Werke Martin Luthers in neuer Auswahl für die Gegenwart, Bd. 4: Der Kampf um die reine Lehre, Stuttgart, Göttingen 1964, 2., 294-297.

ders. (1984): 95 Thesen zum Ablaß, in: Beintker, Horst; Junghans, Helmar; Kirchner, Hubert (Hgg.), Martin Luther Taschenausgabe (Auswahl in fünf Bänden), Bd. 2: Glaube und Kirchenreform, Berlin 1984, 24-33

Mariz, Cecília Loreto (1992): Religion and Poverty in Brazil: A Comparison of Catholic and Pentecostal Communities, in: Sociological Analysis 53:5, 63-70

ders. (1994): Libertação e ética. Uma análise do discurso de pentecostais que se recuperaram do alcoolismo, in: Nem anjos, nem demônios. Interpretações sociologicas do Pentecostalismo, Petrópolis, 204-224

Martin, Bernice (1995): New Mutations of the Protestant Ethic among Latin American Pentecostals, in: Religion 25 (1995), 101-117

Martin, David (1990): Tongues of Fire. The Explosion of Protestantism in Latin America, Oxford

Mauss, Marcel (1968): Die Gabe. Form und Funktion des Austauschs in archaischen Gesellschaften, Frankfurt am Main

Mendonça, Antonio Gouvêa (1992): Sindicato dos mágicos: pentecostalismo e cura divina (desafio histórico para as igrejas), in: Estudos de Religião, 8 / 1992, 49-59

Moltmann, Jürgen (1992): Fundamentalismus und Moderne, in: Concilium 28, 269-273

ders. (1995): Das Reich Gottes in der modernen Welt: Jenseits von Modernismus und Fundamentalismus, in: Jahrbuch Mission 1995, Hamburg, 144-159

Neto, Rodolfo Gaede (1998): Teologia da Prosperidade e diaconia, in: Brandenburg, Laude Erandi / Meurer, Evandro Jair / Neto, Rodolfo Gaede, Teologia da Prosperidade e Nova Era (Série Ensaios e Monografias 17), São Leopoldo

o. Vf. (1998): A Igreja Universal do Reino de Deus e o dízimo, in: Pergunte e respondemos. Problemas e questões atuais, Jg. XXXIX, Nr. 436 (Sept. 1998), 417-422

Oro, Ari Pedro (1996a): Avanço Pentecostal e Reação Católica, Petrópolis

ders. (1996b): O outro é o demônio. Uma análise sociológica do fundamentalismo, São Paulo

Pedde, Valdir (1997): O poder do pentecostalismo: a experiência do Espírito Santo, in: Estudos Teológicos 37/3 (1997), 243-260

Pires, Dom José Maria (1993): As CEBs diante do fenômeno do crescimento das seitas, in: Conferência Nacional dos Bispos do Brasil (Hg.), A Igreja católica diante do pluralismo religioso no Brasil (II) (Estudos da CNBB 69), São Paulo, 105-116

Sanchis, Pierre (1994): O repto pentecostal à cultura católico-brasileira, in: Nem anjos, nem demônios. Interpretações sociologicas do Pentecostalismo, Petrópolis, 34-63

Sarti, Ingrid / Valle, Rogério (1994): O risco das comparações apressadas, in: Nem anjos, nem demônios. Interpretações sociologicas do Pentecostalismo, Petrópolis, 7-13

Schäfer, Heinrich (1992): Protestantismus in Zentralamerika: christliches Zeugnis im Spannungsfeld von US-amerikanischem Fundamentalismus, Unterdrückung und Wiederbelebung „indianischer" Kultur (Studien zur interkulturellen Geschichte des Christentums, Bd. 84), Frankfurt a. M., Berlin, Bern, New York, Paris, Wien

ders. (1993): „Herr des Himmels, gib uns Macht auf der Erde!" Fundamentalismus und Charismen: Rückeroberung von Lebenswelt in Lateinamerika, in: Evangelisches Missionswerk (Hg.), Christlicher Fundamentalismus in Afrika und Amerika (Weltmission heute Nr. 13), Hamburg, 74-87

ders. (1997): Die Fundamentalisten sind immer die Herrschenden, in: der überblick. Zeitschrift für ökumenische Begegnung und internationale Zusammenarbeit I/1997, 40-43

ders. (1998): „... und erlöse uns von dem Bösen". Zur politischen Funktion des Fundamentalismus in Mittelamerika, in: Birnstein, Uwe (Hg.), „Gottes einzige Antwort ..." Christlicher Fundamentalismus als Herausforderung an Kirche und Gesellschaft, Wuppertal 1998, 118-139

Schimmel, A. (1960): Das Opfer I. Religionsgeschichtlich, in: Die Religion in Geschichte und Gegenwart Bd. IV, Tübingen 1960, 3., 1637-1641

Siepierski, Paulo D. (1997): Pós-Pentecostalismo e Política no Brasil, in: Estudos Teológicos 37/1, 47-61

Steiner, Leonhard (1971): Glaube und Heilung, in: Hollenweger, Walter J. (Hg.), Die Pfingstkirchen. Selbstdarstellungen, Dokumente, Kommentare (Die Kirchen der Welt Bd.VII), Stuttgart, 206-219

Stoll, David (1990): Is Latin America turning Protestant? The Politics of Evangelical Growth, Berkeley, Los Angeles, Oxford 1990

Sundermeier, Theo (1994): Pluralismus, Fundamentalismus, Koinonia, in: Evangelische Theologie 54 / 1994, 293-310 ders. (1998): Fundamentalismus: Sehnsucht nach Eindeutigkeit, Kampf um Gerechtigkeit, in: Nembach, Ulrich (Hg.), Informationes Theologiae Europae. Internationales ökumenisches Jahrbuch für Theologie, Frankfurt a. M., Berlin, Bern, New York, Paris, Wien, 1998, 344-363

Tautz, Carlos (1997): Das Fernsehen als Waffe im „Krieg um die Seelen", in: der überblick. Zeitschrift für ökumenische Begegnung und internationale Zusammenarbeit I / 1997, 48-49

Thiede, Werner (1991): Fundamentalistischer Bibelglaube im Licht reformatorischen Schriftverständnisses, in: Hemminger, Hansjörg (Hg.), Fundamentalismus in der verweltlichten Kultur, Stuttgart

Ribeiro, Luís do Vale (1996): Rez.: Justino, Mário, Nos Bastidores do Reino. A vida secreta na Igreja Universal do Reino de Deus, São Paulo 1995, in: Cultura Vozes V. 90, Nr. 2 (März/April 1996), 171-176

Weber, Max (1980): Wirtschaft und Gesellschaft. Grundriß der verstehenden Soziologie, Tübingen 1980, 5.

ders. (1991): Die protestantische Ethik I (hg. v. Johannes Winckelmann), Gütersloh, 1991, 8.

Wulfhorst, Ingo (1995): O Pentecostalismo no Brasil, in: Estudos Teológicos 35/1 (1995), 7-20

Internet:
Otavio, Chico (unter Mitarbeit von Rangel, Rodrigo und Lima, Maria), Dividos pelos partidos, unidos pela religião, in: O Globo On Line
URL: http://oglobo.globo.com/oglobo/especiais/eleicoes2002/45432503.htm (15.1.2003)

Heike Vierling-Ihrig

Chancen einer Minderheit –
Zur Situation der evangelischen Kirche in Chile

Valparaiso – das ehemalige Tor Chiles

„Ich liebe, Valparaiso, alles, was du umschließt, alles, was du
ausstrahlst, Braut des Ozeans ..." – der chilenische Dichter
und Nobelpreisträger für Literatur Pablo Neruda preist so in
seinem Versepos „Der Große Gesang" die größte und wichtig-
ste Hafenstadt Chiles.[1] Im „paradiesisch schönen Tal", so die
Bedeutung von Valparaiso, legte einst jedes Überseeschiff an,
das von Afrika oder Europa kommend Kap Hoorn umrundet
hatte. Am 26. Juni 1908 wurde in dieser Stadt am Pazifik Sal-
vador Allende Gossens geboren, der Chile von 1970 bis zum
Putsch durch Augusto Pinochet am 11. September 1973 re-
gierte. 1990 wurde Valparaiso Sitz des chilenischen Kongres-
ses. Seit 2003 gehört die Altstadt zum Weltkulturerbe der
UNESCO.

In dieser Hafenstadt ging nicht nur 1851 der literarische
Held Christian Buddenbrook (Thomas Mann) an Land, da er
sich in Valparaiso „eine Position verschafft hatte", sondern
auch zahlreiche evangelische Seemänner machten in dieser
Stadt Zwischenstation und viele evangelische Einwanderer be-
traten hier erstmals chilenischen Boden. Valparaiso ist darum
die Geburtsstätte des chilenischen Protestantismus.

Im Folgenden berichte ich über die Situation der evangelischen Christen in Chile, wobei zunächst die geschichtliche
Entwicklung der evangelischen Kirchen in diesem lateinamerikanischen Land aufgezeigt wird, bevor ihre Pluralität und
Minderheitenstellung sowie ihr Verhältnis zum Staat, die Aus-
bildungssituation und das diakonische Verständnis thematisiert werden. Dabei nehme ich die Pfingstkirchen Chiles besonders in den Blick.[2]

---

[1] Valparaiso wurde 1818 nach der Unabhängigkeit von Peru zur wichtigsten Hafenstadt Chiles.
[2] Entstanden ist dieser Bericht aufgrund einer Forschungsreise nach
Chile, die ich zusammen mit drei weiteren Assistenten der Universität

Evangelische Christen, die über Valparaiso ins Land kamen, wurden bis in das 19. Jahrhundert als Ketzer behandelt und verfolgt.[3] Der Staat Chile war einst gleichzeitig mit der römisch-katholischen Kirche des Landes etabliert worden und somit eng mit dieser verbunden. So verweigerte man beispielsweise evangelischen Christen ein öffentliches Begräbnis. Erst 1814 wurde ein protestantischer Friedhof angelegt, als nach einer Schlacht vor Valparaiso viele protestantische Soldaten starben, die für die Chilenen gekämpft hatten und nun eigentlich nicht hätten begraben werden können.

1823 erwirkte der englische Konsul die Erlaubnis, evangelische Gottesdienste feiern zu dürfen. In einem Hotel versammelte sich die evangelische Gemeinde zum Gottesdienst, den sie nur in englischer Sprache und ohne Anwesenheit der chilenischen Ehefrauen durchführen durften. Mitarbeiter einer englischen Fabrik waren dann auch die ersten chilenischen Konvertiten. Das Gemeindeleben gestaltete der Prediger David Trumbell (1801–1889), ein Enkel George Washingtons, der Weihnachten 1845 von Princeton (USA) nach Valparaiso kam. Zwischen 1856 und 1869 baute er die Union Church, die erste evangelische Kirche an der Pazifikküste. Aber die evangelische Präsenz durfte nicht sichtbar und auch nicht hörbar sein, deshalb musste die Kirche von einer hohen Mauer umgeben werden. Trumbell führte ebenfalls ordentliche Bestattungen ein sowie das Gesetz der Zivilehe und das Geburtsregister.

1867 wurde in Valparaiso erstmals eine lutherische Gemeinde erwähnt. Diese besuchte anfangs die Union Church in der Unterstadt, baute dann aber ihre eigene Kirche in der Oberstadt im Viertel Cerro Concepción.

Heidelberg im Oktober 2004 unternommen habe. Anlass war ein interdisziplinäres Symposium des Heidelberg Center Lateinamerika und der Facultad Evangélica de Teología zum Thema „Kirche und Zivilgesellschaft" in Santiago de Chile.
[3] Zur Geschichte der chilenischen evangelischen Christen vgl. Gonzáles 2000.

Im Nachbarviertel Cerro Alegre („fröhlicher Hügel") wurde der anglikanischen Gemeinde bereits 1858 erlaubt, eine Kirche zu errichten. Ihre Anfänge in Valparaiso gehen bis ins Jahr 1825 zurück, als der anglikanische Theologe Thomas Kendall als Lehrer des englischen Vizekonsuls in die Stadt kam.

Die kontinuierliche Einwanderung evangelischer Ausländer zwang den Staat, allmählich die Evangelischen zu dulden und zu tolerieren. 1925 kam es zur Trennung zwischen Staat und katholischer Kirche und zur Einführung der Religionsfreiheit. Damit war aber der Kampf gegen Diskriminierung und für Anerkennung noch nicht zu Ende, denn respektiert wurden die Evangelischen als Minderheit noch lange nicht. Unter den Pfingstkirchen wurde darum ein „spiritueller Kampf" geführt. Es sei nicht um Prinzipien, sondern um Partizipation und um die Würde als Kirche gegangen, so Francisco Anablón, Bischof einer Pfingstkirche.

Zur allgemeinen Situation der Evangelischen Christen – Minderheit und Pluralität

Evangelische Christen bilden in Chile bislang eine Minderheit in Anzahl und Bedeutung, höre ich von dem Pfingstler und Soziologieprofessor Samuel Palma. Nur 16 % der chilenischen Bevölkerung sind evangelisch (75 % römisch-katholisch). Die meisten Evangelischen kommen aus unteren sozialen Schichten. Der Anteil der Protestanten ist zwar im Vergleich zu anderen lateinamerikanischen Ländern relativ hoch, doch hatten sich die Evangelischen durch die öffentliche Umfrage im Jahre 2003 höhere Zahlen erwartet, da man von einem starken Wachstum einiger evangelischer Kirchen, besonders der Pfingstkirchen, wusste.

Vertreten sind in Chile Anglikaner, Lutheraner, Methodisten, Presbyterianer und diverse Pfingstkirchen. Seit 1909 gibt es in Chile Pfingstler, die kontinuierlich starken Zulauf haben, so dass mittlerweile 90% der Evangelischen zu einer Pfingstkirche gehören. Die deutsche lutherische Kirche hat sich unter Pinochet im November 1974 gespalten. Acht von zwölf Gemeinden verließen die IELCH (Iglesia Evangélica Luterana de Chile), sechs davon gründeten 1975 die ILCH (Iglesia Luterana de Chile). Sie wollten u. a. die Spaltung, da ihnen die

IELCH gegenüber Pinochet zu kritisch auftrat und sie selbst den Militärputsch befürworteten. Zu beiden Kirchen unterhält die EKD Beziehungen; intensiver sind die zur IELCH.

Die Pfingstkirchen Chiles

Die Pfingstbewegung gibt es in Chile seit 1909, als die ersten Erweckungen in Valparaiso stattfanden und man sich von der Methodistenkirche abspaltete.[4] Mit William Taylor und seiner „self-supporting" Mission begann in den achtziger Jahren des 19. Jahrhunderts eine kurzlebige unabhängige Methodistenmission in Chile.[5] Der Missionar Willis Hoover unterstützte Taylor und wurde selbst 1902 Pastor in Valparaiso. Hoovers Erweckungsmethode galt als altmodisch, doch wurde er durch seine Selbstsicherheit und seine Freundschaft mit den Chilenen zu einer zentralen Figur in den Anfängen der Bewegung und schließlich zum Begründer der Iglesia Metodista Pentecostal, die heute zu den drei größten Pfingstkirchen Chiles gehört.[6] Hoover erhielt über eine Studienkollegin seiner Frau ein „Traktat über die Taufe mit Geist und Feuer", das eine pfingstliche Erweckung in Indien beschrieb. Fortan begann er sich für die Pfingstbewegung zu interessieren. Als ein Gemeindemitglied eine „Nachtversammlung"[7] durchführte, war Hoover damit einverstanden und etablierte regelmäßige Nachtwachen.[8] Sie dienten der Lebenserneuerung durch den

---

[4] Vgl. hierzu Hollenweger 1997, 139-154. Und ergänzend Bergunder 2000.

[5] Hollenweger sieht in ihr eine Hauptursache für die Entstehung einer einheimisch-chilenischen Methodistenkirche, der späteren Iglesia Metodista Pentecostal. Taylor lehnte die Kontrolle der Missionsleitung in Amerika ab, da sie bereits „zu viel" Geld nach Chile gesendet hätten bzw. senden würden.

[6] Bis 1940 wuchsen die Pfingstkirchen langsam, dann rasch an. Konstant blieben über den gesamten Zeitraum die Spaltungen der Kirchen.

[7] Man wollte Buße tun und sich mit Gott versöhnen, wenn nötig, die ganze Nacht beten. Die Teilnehmenden fühlten sich gesegnet und wollten daher die Nachtwache wiederholen.

[8] Hollenweger sieht darin einen Grund für die folgende Pfingstbewegung, sind diese Nachtwachen doch ein Beweis für die geistliche Selbstverwaltung der Kirche durch die chilenischen Laien. Gleichzeitig bewiesen die Chilenen auch ihre finanzielle Selbstverwaltung. Nach einem Erd-

Heiligen Geist (Sündenbekenntnis, Schuldenbegleichung, Versöhnung usw.). Die „Geistesleitung" zeigte sich laut und für die Nachbarschaft beunruhigend. Ein bekehrtes englisches Mädchen trat als „Hauptprophetin" in Valparaiso und Santiago auf. Sie wollte in der Methodistenkirche in Santiago am 12. September 1909 öffentlich sprechen. Man verweigerte es ihr mehrfach, doch die ehemalige Alkoholikerin und Prostituierte blieb nicht still, so dass man sie schließlich durch die Polizei festnehmen ließ. Die Methodisten hatten damit „Gesetz und Ordnung" wiederhergestellt, verloren aber die Sympathie der Menschen. Auch Hoover wurde als Irrlehrer öffentlich der Prozess gemacht. Die Chilenen verfolgten ihn intensiv. „In ihren Augen war es nicht nur ein Prozess gegen Hoover, sondern gegen die chilenische Erweckung. Es ging nicht nur um wichtige Lehrpunkte, sondern um wichtige kulturelle Differenzen. ‚Irrational vielleicht', sagten die Chilenen, ‚aber gewiss nicht antimethodistisch und gegen die Schrift'."[9] Die erweckten Chilenen erkannten, dass ein Bruch mit den amerikanischen Missionaren der methodistischen Kirche nicht zu vermeiden war, und feiern seitdem den 12. September als ihr Reformationsjubiläum. Es ist zu vermuten, dass hiermit die erste theologisch wie finanziell selbständige protestantische ‚Dritte-Welt'-Kirche entstanden war.[10]

Die ‚Iglesia Metodista Pentecostal' sieht sich selbst als treue Methodistenkirche. Sie kennt die Säuglingstaufe und hat das methodistische Klassensystem und die methodistische Bischofstradition übernommen. Differenzen in der Lehre gebe es nicht, da sie keine „typische Pfingstlehre" entwickelt habe. Der Unterschied besteht darin, dass die Methodisten nur noch die Lehre haben, während sie selbst sie erfahren, behauptet sie.

---

beben 1906 wurden ihre alte und ihre im Bau befindliche Kirche zerstört. Allein mit Spenden ihrer Kirchenmitglieder bauten sie erneut und weihten am 7. März 1909 ihre Kirche ein.

[9] Hollenweger 1997, 143.

[10] Die Mitgliederzahl der Methodisten wuchs nun nur noch sehr langsam. „Die Methodistenkirche hatte sich von dem abgeschnitten, was sie als unmethodistisch und irrational betrachtete. Gleichzeitig aber hatte sie sich von dem Mutterboden abgeschnitten, in dem eine Methodistenkirche in Chile wachsen kann", erklärt Hollenweger, aaO., 144.

Hollenweger führt aus, „dass – obschon die chilenischen Pfingstler den gottesdienstlichen Tanz als geistgewirkt verstehen – der Tanz nicht unabhängig von ihrer Kontrolle geschieht. Er ist im Gegenteil genau kontrolliert und in die Liturgie integriert."[11] Während meines Aufenthaltes in Chile konnte ich selbst einen über dreistündigen Sonntagabendgottesdienst der Iglesia Metodista Pentecostal in Santiago besuchen. Auch ich habe beide Elemente – Tanz und Kontrolle – wahrgenommen. Tanzt ein Bruder oder eine Schwester während des Gottesdienstes, steht ihm oder ihr ein Kirchenmitglied beschützend zur Seite, damit ihm oder ihr sowie anderen nichts passieren kann. Als die Stimmung meines Erachtens sehr euphorisch wurde, wechselte die Musik von Dur auf Moll. Einzelne Personen „kontrollierten" den Ablauf bzw. beobachten das Geschehen sowohl vor als auch in der Catedrale Evangelica.

Um mit Hollenweger zu sprechen: „Die einheimische chilenische Pfingstbewegung ist ein gültiger Ausdruck einer Volksreligion, etwas, das man von der Methodistenkirche nicht sagen kann."[12] Künftig wird darum die ökumenische Zusammenarbeit wichtiger werden, auch wenn bislang das Dritte-Welt-Christentum in ökumenischen Institutionen kaum vertreten ist. Davon ist auch der chilenische Pfingstler Juan Sepúlveda überzeugt, der schreibt „dass der lateinamerikanische und der weltweite Ökumenismus mehr und mehr nach der Möglichkeit einer massiven Einfügung der Pfingstler in die ökumenischen Aufgaben suchen"[13].

Staat und Kirche – Das „Lei de Culto" von 1999

Schon immer war die katholische Kirche durch einen Geistlichen in der Moneda[14] vertreten. Die ehemalige Münzprägeanstalt ist der Regierungssitz des amtierenden chilenischen

---

[11] AaO., 146.
[12] AaO., 148.
[13] Nach Hollenweger, ebd.
[14] Die Moneda ist seit 1846 Regierungssitz des jeweils amtierenden chilenischen Staatschefs. Die ehemalige Münzprägeanstalt wurde 1805 im neoklassizistischen Stil erbaut.

Staatschefs, mitten im Herzen von Santiago de Chile, der Hauptstadt des Landes mit über 6 Millionen Einwohnern (ca. 40 % der gesamten Landesbevölkerung), gelegen. Auch wenn Staat und Kirche seit 1925 getrennt sind, blieben beide eng miteinander verbunden, so dass die römisch-katholische Kirche weiterhin gewisse Privilegien hatte.

Das sollte sich mit dem chilenischen Kultusgesetz (Ley de libertad de culto reglamentada, Ley No. 19.638) ändern, das erstmals vertraglich das Verhältnis zwischen Staat und Kirche regelt und allen Konfessionen und Religionen gleiche Rechte gewährt. Mit seiner Einführung im Jahre 1999 erhielten die chilenischen Evangelischen ihre volle Anerkennung.

Seit zwei Jahren haben nun auch die evangelischen Kirchen einen Repräsentanten in der Moneda, den ich besuchen konnte. Der methodistische Pfarrer Neftali Aravena[15] ist evangelischer Kaplan im Regierungssitz. Sein Amt ist ehrenamtlich und wird von ihm an zwei Wochentagen ausgeführt. Sein Aufgabengebiet umfasst zwei Arbeitsbereiche: den pastoralen und den politischen. Der pastorale Bereich beinhaltet die Feier eines wöchentlichen Gottesdienstes und die Seelsorge für die evangelischen MitarbeiterInnen. Evangelisch sind meist die „kleinen" Mitarbeitenden, dagegen scheint es zur Pflicht eines Politikers zu gehören, katholisch zu sein (Sozialisten und Radikale gehören zumeist keiner Kirche an, der derzeitige Präsident Ricardo Lagos Escobar bezeichnet sich selbst als Agnostiker). Auch einige Parlamentarier haben einen evangelischen Background und vertreten sogar evangelische Prinzipien, leider beteiligen sie sich nicht aktiv am evangelischen Gemeindeleben. Zu Aravenas politischer Arbeit gehören die Unterstützung Evangelischer bei Behördengängen und ganz besonders der ständige Kontakt mit verschiedenen Regierungsinstanzen. So ist mit ihm auch der chilenische Protestantismus in den Gesetzgebungsprozess des Landes involviert. Er kennt die Gesetzesvorlagen, die Positionen und den Diskussionsstand, so dass er ,die evangelische Sache' vor- und einbringen kann. Jüngstes Beispiel der Kooperation zwischen Kirche und Staat ist die Entscheidung, ein Ehescheidungsrecht einzu-

---

[15] Aravena war zuvor Bischof der Methodisten.

führen und Ehescheidung rechtlich zu legitimieren. Besonders setzt er sich für die Menschrechte (Gesundheit, Bildung) ein und berichtet von einem Projekt („Tisch des Dialogs"), das den Verbleib zahlreicher verschwundener Menschen der Diktatur geklärt hat.

Die wissenschaftlich-theologische Ausbildung in den evangelischen Kirchen

In den chilenischen evangelischen Kirchen ist man zunehmend bemüht, die wissenschaftlich-theologische Ausbildung der PfarrerInnen zu verbessern und die Laienbewegung theologisch zu stärken.[16] „Die Stimme einer toleranten und inklusiven Theologie ist sehr wichtig in einem Land, das eine Tendenz zum Fundamentalismus in beiden Extremen hat. Innerhalb der katholischen Kirche ist die Macht des Opus Dei spürbar, die evangelische Welt wird beeinflusst durch Strömungen aus den USA, welche man unter dem Stichwort der ‚Teología de la Prosperidad' (der ‚Wohlstandstheologie') zusammenfassen kann."[17]

In der theologischen Ausbildung kooperieren darum die größeren evangelischen Kirchen Chiles miteinander. Anglikaner, Lutheraner, Methodisten, Pfingstler und Presbyterianer bilden die Gemeinschaft „Corporación Comunidad Teológica Evangélica de Chile" (CTE) mit drei Ausbildungsstätten in Santiago de Chile, in Antofogasta im Norden und in Concepción im Süden. Die derzeitige Dekanin und amtierende Rektorin ist Drs. Dora Canales, die sieben Jahre in Amsterdam studiert hatte.

Die CET besteht aus zwei verschiedenen Institutionen, die wiederum zwei verschiedene Bildungswege ermöglichen. In der Facultad Evangélica Teológica (FET), die ihren Sitz in San-

---

[16] Meine Ausführungen beziehen sich auf einen unveröffentlichten Reisebericht von Fernando Enns, Ökumenisches Institut der Universität Heidelberg, der diese Fakten auf einer Chile-Reise 2003 sammeln konnte.

[17] Unveröffentlichter Bericht von Daniel Frei mit dem Titel „Die evangelischen Kirchen in Chile und ihre theologische Ausbildung" in Anlehnung an Juan Sepúlveda.

tiago und Conceptión hat[18], werden PfarrerInnen und ‚Laien‘ durch akademische und praktische Bildung auf ihren vielfältigen Dienst in den Gemeinden vorbereitet. Qualifizieren können sich die Studierenden mit drei verschiedenen Abschlüssen[19]: mit dem Diploma en Teología (CPES) nach eineinhalb Jahren, mit dem Bachillerato en Teología (BT) nach zweieinhalb Jahren und mit dem Licenciatura en Teología (LT) nach weiteren zwei Jahren.[20] An allen drei Orten können sich im Instituto Superior Biblico Teológico (ISBT) Pfarrer fortbilden (Extensionsprogramm) und evangelische Erwachsenenbildung lernen. Zwei Abschlüsse sind dabei möglich: neben dem Diploma Biblico Pastoral das Diploma Biblico Ministerial nach zweieinhalb Jahren in den Fächern Altes und Neues Testament, Kirchengeschichte, Systematische Theologie und Praktische Theologie.

Die Lehrveranstaltungen finden zumeist abends und samstags statt, da ein großer Teil der Studierenden neben ihrem Studium einen Beruf ausübt und zumeist bereits als Pfarrer in ihren Gemeinden arbeitet. Das heißt, viele Pfarrer wurden und werden ohne Ausbildung bzw. Abschluss direkt von einer Gemeinde berufen.

Das diakonische Verständnis

Die lutherische Kirche Chiles gilt als stark diakonisch orientiert. Im Bezirk Villa O'Higgins, einem typischen Armenviertel Santiagos, führt die deutschsprachige lutherische Gemeinde (Versöhnungsgemeinde) z. B. ein Sozial- bzw. Diakonieprojekt durch. Ihr Pfarrer Enno Haack betont, dass die Be-

---

[18] Die Fakultät in Santiago besteht seit nahezu 40 Jahren; derzeit sind ca. 50 Studierende eingeschrieben; in Concepión (eine Flugstunde südlich von Santiago gelegen) wurde vor ca. fünf Jahren eine Außenstelle eingerichtet, da in diesem Gebiet die meisten Pfingstler leben. Die Fakultät hat ca. 35 Studierende.

[19] Die Studiengänge und Abschlüsse sind international anerkannt.

[20] Daneben bestehen Lehrangebote in Hebräisch und Englisch für Anfänger und Fortgeschrittene sowie Theologie für ReligionslehrerInnen (postgradual).

zeichnung „Versöhnungsgemeinde" als Verpflichtung verstanden wird und man als „Hoffnungskirche" wirken will. Ihre Unterstützung bezieht sich daher nicht nur auf Bauprojekte – eine Kirche wurde neu erbaut und die Schule erweitert –, sondern auch auf ein ganzheitliches Gemeindekonzept. Sie praktiziert die Idee, Gemeinde, Kindergarten und Schule zu vernetzen. Erreichen will man damit die integrale Entwicklung der Person und die Stärkung des Selbstwertgefühls, wie auch die Verbindung von Person und Empathie. Darüber hinaus wird ein Schulpastorat konzeptionell auf die konkreten sozialen Verhältnisse (Kindergartenarbeit, Schulunterricht, Familienbegleitung, Mitarbeiterseelsorge, Gemeindeentwicklung) abgestimmt und die Erwachsenenbildung, die Frauenarbeit und die Kinder- und Jugendarbeit in das Projekt integriert.

Auch die Pfingstkirchen sind ‚diakonisch' tätig, wenn sie auch keine großen diakonischen Einrichtungen hervorgebracht haben. Da sie in den Armenvierteln entstanden und entstehen, ist ihre ‚Basisarbeit' Hauptbestandteil ihres sozialen Engagements. Ihre ‚Projekte' sind nicht strategisch geplant oder wissenschaftlich-theoretisch begründet, sondern beruhen auf der neu gewonnenen Lebensdisziplin; auf der persönlichen Erfahrung, durch die Bekehrung zum Glauben das gesamte Leben verändern zu wollen. Die individuelle Veränderung bildet die Motivation, die den Menschen umgebenden Lebensverhältnisse zu verändern (Überwindung von Alkoholismus, Stabilisierung des Arbeitsplatzes, Zugang zur Öffentlichkeit für Frauen usw.). Mittlerweile gibt es auch präventive Sozialarbeit, z. B. durch organisierte Kinder- und Jugendprogramme gegen Kleinkriminalität und Drogenhandel. Das Ehrenamt genießt hohes Ansehen in der Pfingstkirche. Die Gefahr der ‚Werkgerechtigkeit' besteht nach Angaben von Sepúlveda nicht, da das ‚neue Leben' nicht als Bedingung, sondern als Konsequenz der Rechtfertigung angesehen wird.

Chancen einer Minderheit

Die evangelische Kirche Chiles ist von der geschichtlich bedingten Minderheitensituation und der starken Dominanz der Pfingstkirchen geprägt. Sie unterscheidet sich daher stark von der Situation in Deutschland.

Durch die jüngsten gesetzlichen Maßnahmen verändert sich die gesellschaftliche Stellung der evangelischen Kirche dahingehend, dass sie insgesamt gestärkt wird und dass ihr Bewusstsein für gesellschaftliche Verantwortung wächst.

Wichtig erscheint, die Umsetzung des Kultusgesetzes weiterhin zu forcieren. Nötig ist hierzu die verstärkte Konsolidierung der evangelischen Christen. Bischof Anabalón fordert, v. a. im Bereich der schulischen Bildung damit fortzufahren, denn mit dem Kultusgesetz kann in Chile erstmals in allen staatlichen Schulen evangelischer Religionsunterricht angeboten werden. Wer jedoch wie die benötigen ReligionslehrerInnen ausbildet und wie der Bildungsauftrag genau lautet – allgemeiner, bekenntnisorientierter oder konfessioneller Religionsunterricht – ist noch nicht abschließend geklärt. Samuel Palma fordert die evangelischen Christen zu mehr sozialem Engagement auf und will gleichzeitig mit der Beseitigung der Armut und der Förderung der Bildung beginnen. In Chile wird derzeit die Ganztagsschule eingeführt – eine Möglichkeit, die Kinder- und Jugendarbeit der Kirchen in die Schule zu verlagern und als Kirche Präsenz zu zeigen.

Daniel Frei fand in der jüngsten Befragung (2003) bestätigt, dass die Evangelischen zu einer „großen evangelischen Familie" zusammengehören wollen, trotz aller Unterschiede in Geschichte, Tradition, kirchlichem Leben oder Mitgliederzahl, und dies auch umsetzen. „Es ist beispielsweise ein wichtiger Fortschritt, wenn Lutheraner die Pfingstler als ihre Brüder und Schwestern im Glauben akzeptieren können oder wenn sich methodistische Pastorinnen und Pastoren mit pfingstlerischen Kirchenführern treffen, ohne sie als die ‚verlorenen Kinder' zu betrachten, die sich von der gemeinsamen methodistischen Tradition abgespalten haben. Die Canutos, wie sie abschätzig nach dem ersten chilenischen Pfingstprediger Bon de Canut genannt werden, welche einst heimatlose Pilger in Chile waren, werden nun immer mehr zu vollwertigen Bürgern mit gleichen Rechten wie alle Chilenen."[21] Der Wille zur ökumenischen Zusammenarbeit wurde auch durch die Durchführung eines Symposiums in Santiago im Oktober

---

[21] Unveröffentlichter Bericht von Daniel Frei.

2004 sichtbar. Erstmals in der Geschichte Chiles hatten sich Vertreter der katholischen und der evangelischen Kirchen sowie der jüdischen Gemeinschaft versammelt, um miteinander zum Thema „Kirche und Zivilgesellschaft" zu arbeiten. Sie waren bereit, verschiedene Themen zu analysieren und zu hinterfragen, und auch die je andere Position kennen zu lernen – ein Meilenstein der Ökumene in Chile.

Literatur

Bergunder, Michael (2000) (Hg.): Pfingstbewegung und Basisgemeinden in Lateinamerika. Die Rezeption befreiungstheologischer Konzepte durch die pfingstliche Theologie, Weltmission heute Nr. 39, EMW, Hamburg

Gonzáles, Juan Sepúlveda (2000): Historia de la Iglesia en Chile, Santiago

Hollenweger, Walter J. (1997): Charismatisch-pfingstliches Christentum. Herkunft – Situation – Ökumenische Chancen, Göttingen

DIE PFINGSTBEWEGUNG
ALS ÖKUMENISCHER PARTNER

Dirk Spornhauer

Begegnung mit Pfingstgemeinden in der Praxis

1. Die weltweite Beschäftigung mit der Pfingstbewegung

1.1 Pfingstler und Katholiken im Dialog

Bereits 1972 wurde zu einer Reihe von Gesprächen zwischen Vertretern einiger Pfingstkirchen und Vertretern der Römisch-Katholischen Kirche eingeladen. Insgesamt wurden vier Gesprächsreihen durchgeführt, die jeweils auf fünf Jahre angesetzt waren. Zu jeder dieser Gesprächsreihen wurde ein Abschlussdokument erarbeitet.[1]

Auf Seiten der Römisch-Katholischen Kirche wurden diese Gespräche vom Sekretariat für die Einheit der Christen geführt. Auf Seiten der Pfingstkirchen waren zu Beginn der Gesprächsreihe vor allem Theologen aus den USA und aus Südafrika beteiligt. Später wurde das Spektrum weiter und es nahmen auch pfingstliche Theologen aus Europa und Südamerika und Asien teil.

Seit der ersten Gesprächsrunde, die 1976 ihren Abschluss fand, war man sich einig, dass die Gespräche ein tieferes Verständnis füreinander und eine gegenseitige Bereicherung bewirkt hätten.[2]

Bei den Gesprächen, die im Jahr 1997 nach der vierten Phase des Dialogs zum Abschluss kamen, wurden kontroverse Themen angesprochen und Unterschiede thematisiert. Gleichzeitig wurde auch im Verlauf der Gespräche betont, die

---

[1] Baumert/Bially 1999.

[2] Abschlussdokument der ersten Gesprächsrunde P-RK/1 Nr. 46, vgl. Baumert/Bially 1999, 15.

Mitglieder des Dialogs hätten wechselseitige Annahme und Respekt erfahren.[3] Schließlich wurde betont: „Beide sollten mit der Geschichte und den theologischen Positionen der anderen vertraut sein. Sonst werden wir unserer Geschichte des gegenseitigen Mißtrauens nicht entrinnen. Gemeinsames Zeugnis gibt Pfingstlern und Katholiken die Gelegenheit, in der Darstellung unserer gemeinsamen und getrennten Geschichte zusammenzuarbeiten, ohne die unterschiedlichen Interpretationen der Fakten auszuschließen."[4]

Auch wenn das Ergebnis der Gesprächsrunden nicht, wie bei den Gesprächen zwischen dem Lutherischen Weltbund und dem päpstlichen Sekretariat für die Einheit der Christen, eine gemeinsame Erklärung wie die über die Rechtfertigungslehre war, so haben diese Gesprächsrunden doch erheblich dazu beigetragen, einander kennen zu lernen und die theologischen Positionen der jeweils anderen Seite zu verstehen. Diese Frucht der Gespräche ist nicht zu unterschätzen und wird in den jeweiligen Schlussdokumenten auch immer wieder betont.

1.2 Die wissenschaftliche Bearbeitung pfingstlicher Geschichte und Theologie

Der wissenschaftlichen Beschäftigung mit der Geschichte und Theologie der Pfingstbewegung dient auch die „Society for Pentecostal Studies" (SPS) mit Sitz in Gaithersburg/ Maryland USA. Es handelt sich dabei um einen Zusammenschluss vornehmlich amerikanischer Pfingstler, die sich der Erforschung der weltweiten Pfingstbewegung widmen. Die SPS gibt seit 1979 halbjährlich die Zeitschrift „Pneuma" heraus, in der unterschiedliche Aspekte pfingstlerischer und charismatischer Theologie und Frömmigkeit wissenschaftlich bearbeitet werden. Den Schwerpunkt bilden hierbei die nord- und südamerikanische Charismatische Bewegung und Pfingstbewegung sowie die afrikanische Pfingstbewegung.

---

[3] Abschlussdokument der zweiten Gesprächsrunde P-RK/2 Nr. 95, vgl. Baumert/Bially 1999, 34.
[4] Abschlussdokument der vierten Gesprächsrunde P-RK/4 Nr. 125, vgl. Baumert/Bially 1999, 92.

Das Pendant zur SPS bildet in Europa die European Pentecostal Theological Association (EPTA), die über etliche Jahre das „EPTA – Bulletin" herausgegeben hat.

1.3 Ergebnisse pfingstlicher Forschung in allen Bereichen der Theologie

Eine andere Qualität als die „Society for Pentecostal Studies" haben das „Journal of Pentecostal Theology" (JPT) und die dazu gehörende Monographienreihe „JPT Supplement Series", die bei Sheffield Academic Press in Sheffield/ England erscheinen. Die Herausgeber sind Mitarbeiter der „Church of God School of Theology" in Cleveland/Tennessee USA. Man war im Herausgeberkreis der Ansicht, dass mittlerweile pfingstlerische Glaubensüberzeugungen aufgrund ihrer Andersartigkeit das gesamte Gebiet der Theologie mit all ihren Einzeldisziplinen befruchten. So entstand der Gedanke, eine Schriftenreihe zu gründen, in der die Arbeiten von Pfingstlern aus allen Bereichen der Theologie erscheinen könnten. Der Verlag schlug vor, gleichzeitig eine Zeitschrift zu gründen, um auch Arbeiten kleineren Umfangs veröffentlichen zu können. So entstanden Zeitschrift und Monographienreihe. Das JPT erscheint im April und im Oktober eines jeden Jahres. Es handelt sich bei diesen Veröffentlichungen nicht um Arbeiten zur Erforschung der Pfingstbewegung und der Charismatischen Bewegung. Sie gewährleisten jedoch einen guten Überblick über neue Arbeiten pfingstlerischer Autoren zu vielen Gebieten der Theologie.

2. Die Beschäftigung mit der Pfingstbewegung in Deutschland

Anders als in diesen Bereichen wissenschaftlicher Theologie ist der Umgang mit der Pfingstbewegung besonders in Deutschland von gegenseitigen Unterstellungen und Vorurteilen geprägt. Hier ist die Pfingstbewegung – wie auch die Charismatische Bewegung – keine den gesamten kirchlichen bzw. freikirchlichen Bereich verändernde Größe geworden. Beide haben vom Beginn ihrer Wirksamkeit an mit dem Vorwurf des Sektierertums bzw. ungöttlicher Einflüsse leben müssen.

Die Pfingstkirchen sind in Deutschland zu Beginn des 20. Jahrhunderts auf dem Boden der Gemeinschaftsbewegung entstanden. Theologisch waren Gemeinschaftsbewegung und Pfingstbewegung lediglich in der Frage der Geisttaufe und der Bewertung der geistlichen Gaben uneins. Diese Uneinigkeit führte nach wenigen Jahren und nach teilweise heftigen Auseinandersetzungen zum Ausschluss durch die Gemeinschaftsbewegung. Die im Jahre 1909 veröffentlichte „Berliner Erklärung" markiert den Trennungsstrich zwischen Gemeinschafts- und Pfingstbewegung in Deutschland.

In dieser Erklärung wurde der Pfingstbewegung ein „Geist von unten", eine „ungöttliche Ausrichtung" vorgeworfen, der zu den kritisierten enthusiastischen Erscheinungen geführt habe, von denen man sich mit dieser Erklärung distanzierte. Diese Disqualifizierung hat über viele Jahre und Jahrzehnte hinweg den Umgang zwischen Anhängern und Gegnern der Pfingstbewegung, besonders aus dem evangelikalen Bereich, geprägt.

Die Pfingstkirchen haben sich aufgrund der so erfolgten Trennung als Freikirchen etabliert, haben in ihren Gemeinden ihre Traditionen gepflegt und den Kontakt zu Nachbarkirchen nur recht zögerlich gesucht. Sachliche Diskussionen waren mancherorts kaum möglich, da an die Stelle vorurteilsfreien Wahrnehmens von Seiten der landes- und freikirchlichen Gemeinden die Wiederholung alter Vorwürfe und Vorurteile trat. Von Seiten der Pfingstbewegung wurde wiederholt zum Ausdruck gebracht, allein sie selbst, die Pfingstbewegung, habe „das volle Evangelium" bewahrt, während besonders die verfassten Kirchen die biblische Wahrheit der Geistestaufe und der geistlichen Gaben unterdrückt hätten und noch immer unterdrückten.

Die universitäre Theologie hat das Phänomen des pfingstlichen Aufbruchs zu Beginn des 20. Jahrhunderts kaum wahrgenommen. Auch die Charismatische Bewegung, die seit Anfang der 60er Jahre des 20. Jahrhunderts die verfassten Kirchen erneuern wollte, wurde von der Theologischen Wissenschaft praktisch gar nicht und von der kirchlichen Öffentlichkeit nur am Rande wahrgenommen.

Diese gegenseitigen Geringschätzungen und auch teilweise offen zum Ausdruck gebrachten Disqualifizierungen führten immer wieder zu verhärteten Fronten, zum Aufleben alter

Feindbilder oder der stereotypen Wiederholung längst überholter Vorwürfe, sowohl gegenüber den Kirchen und der Theologie als auch gegenüber den Gemeinden und Gemeinschaften der Pfingstbewegung.

Dem Vorwurf der Geistvergessenheit stand vielfach der Vorwurf der Geistversessenheit gegenüber.

Die seit Mitte der siebziger Jahre des 20. Jahrhunderts neu entstandenen Christlichen Zentren haben das Erscheinungsbild der Bewegung in der Öffentlichkeit verändert. Durch die Größe ihrer Veranstaltungen – oft wurden mehrere tausend Menschen von den hier organisierten Großveranstaltungen angezogen – sind größere Bereiche der kirchlichen Öffentlichkeit auf diese Zentren und damit auf die pfingstlerisch geprägten Frömmigkeitsformen aufmerksam geworden.

Seit Mitte der achtziger Jahre entwickelte sich in immer neuen Zentren ein reges Gottesdienstleben. Es wurde eine Vielzahl von Kongressen veranstaltet, an denen auch Beobachter und Kritiker der Bewegung teilnahmen.

Nicht zuletzt durch diese Entwicklungen entstand eine neue Art der Wahrnehmung pfingstlerischer Phänomene von Seiten nichtpfingstlerischer Gemeinden und Kirchen.

Durch die Verbindung mit dem Gedankengut der Gemeindewachstumsbewegung fanden gabenorientierte Ansätze Verbreitung in vielen Gemeinden. Die Lobpreislieder, ursprünglich im Bereich der Christlichen Zentren beheimatet und verbreitet, fanden Eingang in das gottesdienstliche Leben vieler Gemeinden unterschiedlichster Konfessionen.

Die geistlichen Gaben, ihre Wirkungen und die Veränderungen im Leben des Gabenträgers wurden Thema in Jugend- und Gemeindekreisen außerhalb der klassischen Pfingstkirchen.

Pfarrer, Pastoren und Gemeindeälteste sahen sich mit Fragen über diesen Bereich christlichen Lebens konfrontiert, der in den jeweiligen Gemeinden bisher ein Schattendasein geführt hatte.

2.1 Zentrale Themen im Umgang mit der Pfingstbewegung

Aus dieser kurzen historischen Heranführung wird deutlich, dass der Auseinandersetzung mit der Pfingstbewegung und dem Umgang mit ihr in den seltensten Fällen ein wissenschaftliches Interesse zugrunde liegt. Meist ist es die praktische Begegnung mit den typischen Phänomenen, mit Fragen nach Geisttaufe und Zungenreden, nach Ruhen im Geist, der Austreibung von Dämonen oder angekündigter Heilungen, die nach Antwort verlangen.

Daher möchte ich mich im Folgenden an diesen Phänomenen und theologischen Kernaussagen der Bewegung orientieren. Einige der markantesten Punkte sollen erläutert werden, um so ein Verstehen der Positionen zu ermöglichen, das Voraussetzung für einen sachlichen Umgang mit den Bewegungen und ihren Anhängern ist.

2.1.1 Geistestaufe

Die Lehre von der Geistestaufe wurde bereits in der amerikanischen Heiligungsbewegung des 19. Jahrhunderts entwickelt. Für Charles G. Finney, Asa Mahan und Thomas C. Upham, alle Lehrer des Oberlin College in Ohio, war sie der Beginn der persönlichen Gegenwart des Geistes im Gläubigen. Als Heiligungserlebnis wurde diese Geistestaufe von der Bekehrung oder Wiedergeburt unterschieden. Die Pfingstbewegung hat die Geistestaufe zu einem zentralen Lehrinhalt ihrer Theologie gemacht. Die Geistestaufe ist *das* Schlüsselerlebnis des Pfingstgläubigen und bedeutet Kraftausrüstung zum Dienst für Gott. Sie wird zeitlich und sachlich von der Bekehrung unterschieden und etliche Pfingstgemeinschaften lehren einen Zusammenhang zwischen Geistestaufe und einmaligem Auftreten des Zungenredens als Zeichen der empfangenen Taufe im Heiligen Geist („initial-sign"-Lehre). Für die Menschen, die sich zur klassischen Pfingstbewegung zählen, ist in der Regel ein Leben in der Heiligung Voraussetzung für den Empfang der Geistestaufe. Hier kommt die Nähe zur Tradition der Gemeinschafts- und Heiligungsbewegung zum Ausdruck. Diese Zuordnung von Bekehrung, Heiligung und Geistestaufe ist daher in der Auseinandersetzung mit der Pfingstbewegung als drei-stufiger Heilsweg bezeichnet worden.

Die Vertreter der kirchlichen Charismatischen Bewegung haben die Geistestauflehre von Anfang an abgelehnt und haben sich dagegen verwehrt, pauschal als „pfingstlich" bezeichnet zu werden. Diese Differenzierung ernst zu nehmen ist eine wichtige Voraussetzung für einen sachgerechten Umgang mit Vertretern des kirchlichen charismatischen Aufbruchs.

Für die Neupfingstlerische Bewegung, auf deren Boden die Christlichen Zentren entstanden sind, spielt die Geistestauflehre lediglich in den Anfangsjahren (ca. bis Ende der 1970er Jahre) eine Rolle. Danach verliert sie sowohl lehrmäßig als auch in der Praxis der Gemeinden und Zentren zunehmend an Bedeutung. Auch dies ist im Umgang mit Vertretern der Christlichen Zentren zu beachten. Ein Insistieren auf „Geistestaufe" als lehrmäßigem Problem geht an Theologie und Praxis auch dieser Gruppen vorbei.

Biblisch begründet wird die Geistestauflehre vor allem mit den Stellen der Apostelgeschichte, in denen der Geistempfang (mit Zungenreden) berichtet wird.[5] Das Zentrum bildet hierbei die Pfingstgeschichte (Apostelgeschichte 2) mit dem Bericht der Geistsendung und dem Reden in fremden Zungen. „Diese Pfingsterfahrung war für die Jünger keine nebensächliche Hobby-Erfahrung. Der Herr befahl ihnen, daß sie nicht von Jerusalem wichen, sondern auf die Verheißung des Vaters, auf das Getauftwerden mit dem Heiligen Geist warteten."[6]

Die Geistestaufe gilt dabei nicht als heilsnotwendige Erfahrung: „Zu Pfingsten kam der Heilige Geist in die Welt, aber die Welt wurde nicht geistgetauft, sondern nur die Menschen, die schon das Heil hatten."[7]

Von Seiten der Pfingstbewegung wird betont, dass sie „mit Ausnahme weniger Außenseiter und Extremisten, [...] noch nie einen zwei- oder mehrstufigen Heilsweg gelehrt [hat]. Sie lehrt zwar viele Erfahrungen mit Gott, aber niemals einen mehrstufigen Heilsweg. Diese weiteren Erfahrungen mit dem Heiligen Geist sind Schritte auf dem Heilsweg, den wir mit der Wiedergeburt betreten haben, aber keine Stufen."[8] In der Begegnung mit Vertretern der Pfingstbewegung wie auch mit Vertretern charismatischer oder neupfingstlicher Bewegungen sind solche Unterscheidungen wichtig, damit es nicht zu einer pauschalen Zuordnung kommt, die an der Sache vorbeigeht.

---

[5] Vgl. Apg 1,5; 2,4; 8,14-17; 10,44-47; 19,1-7.
[6] Ulonska 1993, 16.
[7] Ebd.
[8] AaO., 13.

Vor diesem Hintergrund ist auch die im Jahr 1996 zwischen der Deutschen Evangelischen Allianz und dem Bund Freikirchlicher Pfingstgemeinden beschlossene Erklärung zu sehen, mit der diese beiden Verbände sich auf gemeinsame Arbeitsgrundlagen verständigt haben. Inzwischen haben die im Forum Freikirchlicher Pfingstgemeinden zusammengeschlossenen zehn wichtigsten in Deutschland arbeitenden Pfingstorganisationen sich dieser Erklärung angeschlossen.

Sie verhandelt besonders die Lehre über den Heiligen Geist und enthält nach einigen Erwägungen über die Funktion des Heiligen Geistes als einen ihrer Spitzensätze die Aussage: „Diese Sicht läßt kein mehrstufiges Heilsverständnis zu."[9] Für die Evangelische Allianz war diese Formulierung offenbar die Gewähr dafür, dass die Pfingstbewegung sich von der in ihren Reihen vertretenen Geistestauflehre abkehre. Für die Pfingstbewegung war jedoch die Unterzeichnung der Erklärung gerade ohne diese Konsequenz möglich, weil die Zuschreibung der Mehrstufigkeit des Heilswegs als von außen kommend angesehen wurde.

Die Erklärung hat ihren Wert darin, dass sie den Weg für die Zusammenarbeit pfingstlicher und nicht-pfingstlicher Gemeinden in vielen örtlichen Evangelischen Allianzen geebnet hat. Sie hat jedoch keine echte theologische Annäherung bewirkt.

In der Auseinandersetzung um die biblische Begründung der Geistestauflehre ist der in der Pfingstbewegung weit verbreitete Biblizismus zu berücksichtigen. Die Bibel gilt, wie in weiten Teilen der Gemeinschaftsbewegung und der Evangelikalen Bewegung als das inspirierte Wort Gottes. Sie wird, besonders auf der Ebene der Gemeinden, unkritisch und ohne Rücksicht auf historische Zusammenhänge auf die heutige Gegenwart angewendet. Hierin unterscheiden sich Mitglieder von Pfingstgemeinden kaum von manchen Gemeindegliedern anderer Gemeinden. Von daher werden theologische Argumente, die etwa die in der Apostelgeschichte berichteten Erfahrungen der Geistausgießung in den Rahmen lukanischen Geist- oder Geschichtsverständnisses einzuordnen versuchen, kaum oder gar nicht gewürdigt.

---

[9] Zit. nach Schmidgall 1997, 85.

Auch wenn es inzwischen in praktisch allen Disziplinen wissenschaftlicher Theologie pfingstlich geprägte Theologen gibt, die ihren Forschungsbereich aus pfingstlicher Sicht bearbeiten, werden die Ergebnisse dieser Forschungen selten an der Basis rezipiert. Auch dies haben Pfingstgemeinden mit vielen anderen landes- oder freikirchlichen Gemeinden gemeinsam.

2.1.2 Zungenrede

Die Zungenrede ist seit Beginn der Pfingstbewegung die umstrittenste Gabe. Sie hat bereits in den ersten Jahren des Auftretens der Pfingstbewegung für Diskussionen gesorgt und hat Anlass zu Auseinandersetzungen und Entzweiungen gegeben.

Bei der Diskussion über die Zungenrede sind zwei verschiedene Arten des Gebrauchs der Zungenrede innerhalb der Pfingstbewegung zu unterscheiden: (a) Die Zungenrede als Zeichen der empfangenen Geistestaufe, (b) Die Zungenrede als Gabe des Geistes.

(a) Die Zungenrede gilt in etlichen Pfingstgemeinschaften als das verlässliche Zeichen für den Empfang des Geistes in der Geistestaufe. Diese „initial-sign"-Lehre geht von einem einmaligen Auftreten des Zungenredens aus, was nicht in jedem Fall die Gabe des Zungenredens zur Folge haben muss. Für dieses Auftreten des Zungenredens wird in der Regel nicht die Anweisung des Paulus aus 1. Kor 14,27+28 herangezogen, in der er der Gemeinde Richtlinien für den Umgang mit Zungenrednern im Gottesdienst weitergibt. Auch innerhalb der Pfingstbewegung wird diese Lehre nicht durchgängig vertreten. Im Gespräch mit Vertretern der Pfingstkirchen wird die „initial-sign"-Lehre in aller Regel mit den Berichten in der Apostelgeschichte begründet, in denen die Taufe im Heiligen Geist und das Reden in anderen Zungen gemeinsam berichtet werden.

(b) Das Zungenreden gilt vielen Pfingstgläubigen als eine der wichtigsten geistlichen Gaben. Pfingstliche Lehrer und Theologen bemühen sich, diese Gabe in den Reigen der übrigen geistlichen Gaben einzureihen, ohne sie klein zu reden und ohne ihr gleichzeitig eine Vormachtstellung zukommen zu lassen. Diese Vormachtstellung hat sie jedoch faktisch im Leben vieler Gläubigen.

Selbst innerhalb der Pfingstbewegung wird ein breites Spektrum des Verständnisses von Zungenrede konstatiert. In den Gottesdiensten deutscher Pfingstgemeinden spielt das Zungenreden aufgrund der Anweisungen des Paulus in 1. Kor 14,27f. keine hervorgehobene Rolle. Paulus verlangt in seinem Brief an die Gemeinde in Korinth, dass in den Gottesdiensten immer nur ein Zungenredner nach dem anderen auftritt. Jede Zungenrede soll ausgelegt werden. Wenn kein Ausleger da ist, soll auch der Zungenredner schweigen. Es kommt in der Regel nicht zu unkontrollierten Gefühlsausbrüchen, die der Bewegung zu Beginn des 20. Jahrhunderts vorgeworfen wurden: „Es gibt z. B. Christen, die nur in Zungen reden, wenn sie eine Art explosives Entladungserlebnis haben. [...] Diese Ansicht ist falsch. [...] Durch Zungengebet soll Erbauung geschehen. Das ist nur möglich, wenn der Wille des Menschen nicht ausgeklammert, sondern mit eingeschlossen ist."[10]

Im Leben der Charismatischen Bewegungen spielt die Zungenrede praktisch keine Rolle. In den Christlichen Zentren der Neupfingstlerischen Bewegung hat sich ein anderer Schwerpunkt herausgebildet. Um nicht gegen die genannten Anweisungen des Paulus zu verstoßen, wurde der Zungengesang wieder entdeckt. Hierbei bezieht man sich auf eine Aussage des Paulus in 1. Kor 14,15: „Ich will Psalmen singen mit dem Geist und will auch Psalmen singen mit dem Verstand." Der Zungengesang bedarf keiner Auslegung. Daher wird er in vielen neupfingstlerisch geprägten Zentren im Gottesdienst praktiziert. Auch Teile der Charismatischen Bewegung hat ihn übernommen. In der Pfingstbewegung hat er seinen Sitz nicht allein im Gottesdienst, sondern auch im Bereich der privaten Erbauung: „Wenn ich manchesmal eine lange Strecke fahre – selbst tausend Kilometer pro Tag sind nicht ungewöhnlich –, sage ich mir: »Jetzt singst du hier im Auto in neuen Zungen.« Dann singe ich hinter dem Steuer in Zungen. Dadurch kommt etwas von einer anderen Wirklichkeit auf mich zu. Die Gegenwart des Herrn gibt Kraft und Salbung für den Dienst auf der Kanzel."[11]

---

[10] Ulonska 1993, 121.
[11] AaO., 118f.

Bei der Diskussion mit Vertretern dieser theologischen Richtungen ist sowohl die Unterscheidung zwischen Zungenrede als Zeichen und als Gabe wichtig als auch die Unterscheidung zwischen Zungenrede und Zungengesang in den jeweiligen Bewegungen. Bei der Begegnung mit extremen Positionen kann es auch für nichtpfingstliche Gesprächspartner hilfreich sein, die Bücher pfingstlicher Autoren zum Thema heranzuziehen, da diese oft selbst die übertriebenen Erscheinungen kritisieren und damit Argumente liefern, die im Kontext pfingstlicher Theologie beheimatet sind.

2.1.3 Dämonen

Innerhalb der Pfingstbewegung hat die Dämonenlehre keine besondere Bedeutung gehabt. Immer wieder finden sich zwar auch Aussagen über Teufel und Dämonen, diese spielen jedoch innerhalb der Theologie und des Lebens der Gemeinden praktisch keine Rolle. Dies hat sich mit dem Aufkommen der Neupfingstlerischen Bewegung geändert. Durch diese Bewegung erhielt die Dämonenlehre einen zentralen Ort im System der Theologie und des geistlichen Lebens.

Für die klassische Pfingstbewegung war das Leben in der Heiligung eine wichtige Voraussetzung für den Empfang der Geistestaufe (s.o.). Nur wer ein solches Leben in der Heiligung führte, konnte erwarten, den Segen des Geistes von Gott geschenkt zu bekommen.

Diese Heiligungsvoraussetzung fehlt innerhalb der Theologie der Neupfingstlerischen Bewegung. Voraussetzung für den Empfang des Heiligen Geistes ist hier daher nicht die Heiligung, sondern die Freiheit von dämonischer Belastung. Diese so verstandene Disposition des Gläubigen tritt in der Theologie der Bewegung an die Stelle der Heiligungsdisposition der klassischen Pfingstbewegung.[12] Die Geistestauflehre verliert innerhalb der Neupfingstlerischen Bewegung zunehmend an Bedeutung. Die Dämonenlehre bleibt jedoch fester Bestandteil der Lehre und des Lebens der Bewegung. In der Begegnung mit Anhängern der Christlichen Zentren ist diese Hoch-

---

[12] Vgl. Spornhauer 2001, 92ff., bes. 98f. und 104ff.

schätzung der Dämonenlehre immer wieder Gegenstand von Diskussionen.

Die Bewegung entfaltet sie in zwei Richtungen: Auf der einen Seite geht es um dämonische Belastungen von einzelnen Menschen, die innerhalb von Gemeinden oder Christlichen Zentren „entdeckt" und dann auch bekämpft werden. Hierzu dient der „Geistliche Kampf", eine besondere Gebets- und Glaubenshaltung, die vor allem auf die Abwehr und die Austreibung von Dämonen zielt. Auf diese Weise soll das Leben des Gläubigen gereinigt werden und er oder sie soll wieder „unbeflecktes" Mitglied der Gemeinschaft werden. Hier ist deutlich die Funktion der Dämonenlehre als Ersatz einer Heiligungslehre zu erkennen, die diese in der Pfingstbewegung – hier speziell zur Vorbereitung der Geistestaufe hatte und hat.

Diese Funktion ist in der Begegnung und der Auseinandersetzung mit Mitgliedern neupfingstlich geprägter Gemeinden und Zentren zu beachten. Eine pauschale Ablehnung bzw. eine Abkehr von dieser Art von Dämonenlehre bedeutet für die Anhänger der Bewegungen den Verlust des wichtigsten Instrumentes zur Regelung innergemeindlicher und auch zwischenmenschlicher Probleme. Hier gilt es nicht nur systematisch-theologisch zu argumentieren, sondern auch seelsorgerlich zu agieren. Seit Beginn des 21. Jahrhunderts hat sich die Dämoneneuphorie in vielen Gemeinden und Zentren gelegt.

Die Charismatische Bewegung hat inzwischen die Heiligungslehre, verstanden als Heiligung des persönlichen Lebens des Einzelnen, wiederentdeckt. Auf dem ersten Deutschlandtreffen der Geistlichen Gemeinde-Erneuerung im September 2003 in Chemnitz ist dies in Referaten und Bibelarbeiten deutlich geworden. Es wird sich zeigen müssen, ob innerhalb der gesamten Bewegung die Heiligungslehre neben die Dämonenlehre tritt. Dies könnte neue Zugänge zum Gespräch mit anderen Bewegungen des erwecklich, evangelikalen Spektrums (z. B. Gemeinschaftsbewegung, Allianzbewegung) eröffnen.

Neben der dämonischen Belastung Einzelner hat die Bewegung auf der anderen Seite die Dämonenlehre in der Richtung einer Lehre von territorialen Mächten entwickelt. Hierbei wird verkündet, Orte, Städte oder ganze Landstriche stünden unter der Herrschaft einer dämonischen Macht. Diese Lehre hat in vielen Christlichen Zentren zur Praxis des „Gebetskampfes" für ganze Regionen geführt. Auch die in den neunziger Jahren des 20. Jahrhunderts durchgeführten „Jesusmärsche" waren Ausdruck dieser Theologie, wobei durch die Proklamation Jesu in den Straßen einer Stadt die Herrschaft der in dieser Region wirksamen Dämonen gebrochen werden sollte.

Die Lehre von den territorialen Mächten ist auch innerhalb der Neupfingstlerischen Bewegung umstritten. Stellvertretend für etliche andere Aussagen seien hier die Äußerungen von Heinrich Christian Rust, Mitglied im „Kreis Charismatischer Leiter", aus dem Jahr 2001 zitiert: „Der Kampf zwischen Licht und Finsternis, zwischen Gott und Satan ist entschieden. Die Bibel liefert kein dualistisches Weltbild, sondern betont, daß es um eine Ausbreitung der Siegesmacht Christi in dieser Welt geht. Geistliche Kampfführung geschieht ‚in der Kraft seiner Stärke' [...] und nicht in eigener Kraft und Weisheit."[13]

Gerade im Gespräch über die territorialen Mächte und über Formen des Kampfes gegen solche Mächte scheint der Hinweis auf Kritiker aus den eigenen Reihen der Neupfingstlerischen Bewegung angebracht. Diese werden in der Regel sehr viel eher gehört, als von außen kommende Anfragen und Argumente. Bereits in der Zeit des überschwänglichen Gebrauchs dieses speziellen Gebetsstils ab Mitte der neunziger Jahre gab es zahlreiche Kritiker von außen, die keine Chance hatten, gehört zu werden. Erst das langsame Wahrnehmen von Verletzungen und Enttäuschungen, besonders innerhalb vieler Christlicher Zentren und das Wahrnehmen von Auswüchsen, zu denen es gelegentlich kam, hat einen Umdenkungsprozess hervorgerufen.

Dies ist auch bei den anderen Wellen zu beobachten gewesen, die im Gefolge der Dritten Welle ab Mitte der neunziger Jahre die Neupfingstlerische Bewegung erfasst haben („Toronto-Segen", „Prophetenbewegung", „Bußbewegung von Pensacola", „Gemeinsames Gebet geistlicher Leiter"). Auch hier ist eine gewisse Zurückhaltung gegenüber neuen

---

[13] Zitiert in: Spornhauer 2003, 53.

Wellen eingetreten. Einige Leiter solcher Zentren haben sich bei ihren Anhängerinnen und Anhängern inzwischen entschuldigt für allzu große Offenheit gegenüber jeder neu auftretenden Strömung.

Gerade im Kontakt mit Pfingstgemeinden und Christlichen Zentren sollte dies nicht übersehen werden. Weite Bereiche der klassischen Pfingstbewegung sind von den Wellen ohnehin unberührt geblieben und in vielen Christlichen Zentren hat ein Umdenken stattgefunden.

Berichte über „Lachen im Geist" oder „Zittern im Geist" hatten Mitte bis Ende der neunziger Jahre ihre Aktualität, gehen inzwischen aber an der Wirklichkeit vieler Gemeinden und Zentren vorbei. Ein Insistieren auf solche Erscheinungen in der Diskussion mit Anhängern Christlicher Zentren ist daher unangebracht und mißachtet den Prozess der Selbstreflexion, der gerade in diesem Bereich stattgefunden hat.

2.1.4 Heilung

Das Thema Heilung ist in der Pfingstbewegung und besonders in der Neupfingstlerischen Bewegung ein Thema, bei dem die Erwartungen besonders hoch und das Engagement der Verantwortlichen besonders ausgeprägt ist.

Während „Heilung" in der Frühzeit der Bewegungen beinahe ausschließlich als körperliche Heilung verstanden wurde, hat sich das Feld dessen, was mit einem Heilungsgeschehen in Verbindung gebracht wird, seit etlichen Jahren stark ausgeweitet. Neben körperlicher Heilung tritt heute der gesamte Bereich der seelischen Heilung stark in den Mittelpunkt des Interesses der Menschen. Daneben wird von Heilung von Beziehungen und von Heilung der Vergangenheit gesprochen.

Vor allem in der Neupfingstlerischen Bewegung ist das Heilungsgeschehen mit der Befreiung von dämonischer Belastung in Verbindung gebracht worden. Dies gilt sowohl für die körperliche Heilung als auch für seelische Heilungsprozesse. Entsprechend der Theorie der territorialen Mächte wurde die Existenz von Mächten angenommen, die in der Geschichte einer Familie wirksam seien. Eine vor mehreren Generationen durch eine entsprechende Verfehlung zugelassene dämonische Beeinflussung könne daher auch für die Erkrankung einer Person heute verantwortlich gemacht werden. So wurde es teilweise als notwendig angesehen, ganze Familiengeschichten in Bezug auf solche Verfehlungen hin zu untersuchen, die für dämonische Einflüsse verantwortlich gemacht werden konnten.

Hier haben sich vor allem in der Zeit der besonderen Beachtung solcher dämonischer Belastungen seit Mitte der achtziger Jahre bis zum Ende der neunziger Jahre des vergangenen Jahrhunderts etliche Verunsicherungen von Heilungssuchenden ergeben. Auch wurden Menschen innerhalb von Christlichen Zentren gegen solche dämonischen Einflüsse „behandelt", die aufgrund ihrer persönlichen Vorgeschichte nicht „geheilt", sondern psychisch stark belastet und verunsichert wurden. Dies hat sich seit Beginn des neuen Jahrhunderts insofern verändert, dass Enttäuschungen und Verunsicherungen von Menschen, die vorher einseitig auf eine noch bestehende dämonische Belastung zurückgeführt wurden, nun zum Anlass für Reflexionen über das Leitungsverhalten innerhalb der Zentren gemacht wurden.

Kritische Anfragen von außen wurden und werden dagegen oft als Beweis eines fehlenden geistlichen Horizontes des Fragers gesehen und daher kaum selbstkritisch gewendet.

Das größte Problem in Verbindung mit dem Thema „Heilung" ist der Erwartungsdruck, den viele Heilungssuchende mitbringen und der durch die Ankündigung von überwältigenden göttlichen Wirkungen innerhalb von Gottesdiensten oder Konferenzen noch verstärkt wird.

Die neueste Entwicklung in Bezug auf das Thema Heilung ist die Eröffnung von „Healing Rooms", die es in Deutschland seit Mai 2003 gibt. In verschiedenen Städten Deutschlands, meist in Verbindung mit einem Christlichen Zentrum oder einer pfingstlerischen oder neupfingstlerischen Gemeinde, wurden inzwischen weitere „Healing Rooms" eröffnet.

Hierbei handelt es sich um eigens angemietete oder zur Verfügung gestellte Räume, in denen nach vorheriger Anmeldung und Terminvereinbarung für Heilungssuchende gebetet wird.

In der Regel wird in einem Team unter Handauflegung gebetet. Neben dem Gebet um Heilung stehen biblische Worte im Vordergrund, in denen es um die Heilung geht und in denen durch Gott oder durch Jesus Heilung verheißen wird.

Die Initiatoren der in Deutschland entstandenen Heilungsräume stehen in Kontakt mit der „International Association of Healing Rooms" in Spokane, Washington USA. Hier wurde das Konzept entwickelt und von hier aus breitet sich die Bewegung in alle Teile der Welt aus.

Obwohl bei solchen Kleingruppen-Treffen allzu hochgesteckte Erwartungen von Heilungssuchenden besser aufgefangen werden können, als dies in Großveranstaltungen der Fall ist, ist doch fraglich, ob aufgrund der weltweit kolportierten Berichte über Spontanheilungen und über Heilungen nach dem Besuch eines Heilungsraumes die Gefahr nicht noch verstärkt wird, dass Menschen durch eventuell enttäuschte Erwartungen aufgrund nicht erfolgter Heilung trotz des gezielten Gebets in einem Heilungsraum psychisch völlig zusammenbrechen und nur mit größter Anstrengung wieder stabilisiert werden können.

Besonders im Bereich der Heilungsthematik wird es im Umgang mit Leitern von Christlichen Zentren oder von Heilungsräumen besonders darauf ankommen, sich möglichst offen über die jeweilige Praxis des Heilungsgebets zu informieren und bei allzu überschwänglichen Ansätzen einzelner Gemeindeglieder konstruktive Hilfe anzubieten und zu gewähren.

Frühere Erfahrungen auf dem Gebiet der göttlichen Heilung haben gezeigt, dass einzelne Mitglieder Christlicher Zentren von der Ausschließlichkeit der Wirkung göttlicher Heilung so sehr überzeugt waren, dass sie Menschen, die dringend auf Medikamente angewiesen waren, von der weiteren Anwendung dieser Medikamente abgeraten haben. Dies hat – besonders in der säkularen Presse – zu einer Schädigung des Ansehens christlichen Glaubens allgemein geführt.[14]

2.2 Herausforderungen der Pfingstbewegung

Die Pfingstbewegung fordert die etablierten Kirchen und Gemeinschaften zu neuen theologischen Antworten heraus. Bei Diskussionen mit Vertretern der Pfingstbewegung über die zentralen Themen pfingstlerischer Theologie, zu denen etwa das Thema Geistestaufe gehört, wird das gegenseitige Vorhal-

---

[14] Vgl. in Bezug auf die „Christliche Gemeinde Köln" den Beitrag in der „Bild-Woche" Nr. 15/1991.

ten von biblischen Belegstellen, die die jeweils eigene Position (scheinbar) untermauern, kaum zu einer Verständigung beitragen. Es kommt auch nicht allein darauf an, sich über die Unterschiede und Entwicklungen in der Theologie der Pfingstkirchen zu informieren. Dies ist auch notwendig, um nicht ungerechtfertigte Zuordnungen vorzunehmen und so einzelnen Gruppierungen theologische Überzeugungen zuzuschreiben, die diese nicht vertreten.

Notwendig ist neben der Kenntnis der Positionen der Gesprächspartner eine eigene theologische Position zu den in Rede stehenden Themen, die oben angerissen wurden. Viele landeskirchliche Christen haben es verlernt, geistlich zu argumentieren. Körperliche und seelische Heilung wird oft allzu einseitig als Ergebnis ärztlicher Kunst verstanden. Gottesdienstliches Geschehen wird gelegentlich als Einhalten kirchenjahreszeitlicher Vorgaben verstanden, deren geistliche Dimension längst aus dem Blick geraten ist. Der Aspekt der geistlichen Gaben und Fähigkeiten wird oft genug als Anstellungsverhältnis bei kirchlichen Körperschaften thematisiert, bei dem der dynamische Aspekt des Wirkens des Geistes, wo *er* will, aus dem Blick gerät. Hier fordert die Pfingstbewegung zu neuem Nachdenken heraus.

Die Wiederholung von Vorurteilen oder pauschalen Zuschreibungen, die an der Realität vorbeigehen, wirkt hierbei ebenso verletzend wie uninformiert und kommt über Negationen oft nicht hinaus.

Eine Selbstreflexion über die Tragfähigkeit bisheriger theologischer Positionen und die Notwendigkeit einer Neuformulierung vor dem Hintergrund theologischer Anfragen pfingstlerisch geprägter Gesprächspartner will gegenüber den Anhängern der Pfingsttheologie redefähig machen und setzt eine Diskussion voraus, bei der jede Seite den jeweils anderen Partner als gleichberechtigten Diskussionspartner anerkennt: „par cum pari loquitur" / „ein Gleicher redet mit einem Gleichen". Ein solches Denken ist in der Vergangenheit gerade bei Pfingstgemeinden oft nicht anzutreffen gewesen. Auch hier hat sich jedoch in den letzten Jahren in vielen Gemeinden eine Veränderung ergeben, so dass auch viele Pfingstler heute zu partnerschaftlichem Gedankenaustausch bereit sind.

Ein solches Gespräch auf gleicher Augenhöhe ist die Grundvoraussetzung für die Verständigung über unterschiedliche Positionen und nimmt andererseits wahr, dass die Wahrheit, die in Jesus Christus begründet ist (Joh. 14,6) nicht Eigentum einer Konfession ist, sondern im Ringen der Theologien und Konfessionen immer wieder neu ausgesagt und formuliert werden muss.

Literatur

Baumert, Norbert; Bially, Gerhard, Hgg. (1999): Pfingstler und Katholiken im Dialog. Die vier Abschlussberichte einer internationalen Kommission aus 25 Jahren, Düsseldorf.

Schmidgall, Paul (1997): 90 Jahre deutsche Pfingstbewegung, Erzhausen

Spornhauer, Dirk (2001): Die Charismatische Bewegung in der Bundesrepublik Deutschland. Ihre Geschichte und Theologie, Münster.

Ders. (2003): Wohin tendiert die Charismatische Bewegung?, in: MDKI 3/2003, 49-54.

Ulonska, Reinhold (1993): Geistesgaben in Lehre und Praxis, Erzhausen, 1993, 4.

Jan Badewien

Hilfestellungen zum Umgang mit Freien Gemeinden vor Ort[1]

Immer wieder wird bei Beratungsstellen angefragt, ob dieser oder jener freien Gemeinde kirchliche Räume zur Verfügung gestellt werden können, ob Einstellungen z. B. von Erzieherinnen oder Altenpflegerinnen möglich sind (trotz der „ACK-Klausel", wonach Einstellungen nur möglich sind, wenn die Bewerber/innen einer Mitgliedskirche der Arbeitsgemeinschaft Christlicher Kirchen angehören).

Es gibt viele Möglichkeiten, sich über Absichten und Grundlagen Freier Gemeinden vor Ort ein Bild zu machen: durch einschlägige Handbücher und durch Internetrecherche. Das gelingt vor allem dann, wenn die Gemeinde einem größeren Verband angehört (Gemeinde Gottes, Forum Freikirchlicher Pfingstgemeinden, Bund Freikirchlicher Pfingstgemeinden, Vereinigung Evangelischer Freikirchen o. ä.) – womit auch ein gewisser Standard vermutet werden kann. Wie es aber tatsächlich in der Gemeinde am Ort zugeht, wie sie strukturiert ist, erfährt man am besten durch einen Besuch und durch Gespräche. Eine Hilfe dazu sollen die folgenden Fragen sein, die zur Orientierung und zur Urteilsfindung helfen können.

Dabei gilt es grundsätzlich zu beachten, dass in diesen Gemeinden Christen leben und wirken, die sich als Teil der weltweiten Christenheit verstehen (im Unterschied zu den „Sekten") und die auf gleichen Grundlagen stehen wie die Mitglieder jener Kirchen, die in der ACK miteinander verbunden sind.

---

[1] Erstveröffentlichung im Materialdienst der EZW 9/2004, 349-351.

Ratschläge zum Gespräch mit Freien Gemeinden und Missionswerken

I. Zur eigenen Vorklärung

1. Wie macht sich die Freie Gemeinde im Ort bekannt?

2. Hat es eine Kontaktaufnahme durch die Gemeindeleiter gegeben (z. B. Besuch oder Einladung)?

3. Womit profiliert sich die Gemeinde – etwa mit einer negativen Darstellung der bestehenden Kirchen?

4. Gibt es schriftliche Zeugnisse/eine Website mit aussagekräftigen Beschreibungen der eigenen Ziele („Wer wir sind", „Was wir glauben").

5. Werden in den Schriften/im Internet Versprechungen gemacht, die Zweifel an der Seriosität wecken (z. B. im Bereich der Geistheilung)?

6. Haben die Schriften/Internetauftritte eine aggressive, evtl. militaristische Sprache (Armee des Herrn, Inbesitznahme des Landes)?

7. Gibt es Konflikte im Umfeld der Freien Gemeinde (z. B. besorgte Anfragen wegen besonderer Verpflichtungen/Lebensformen/Ausgrenzungen?

8. Gibt es Polemiken gegen die Großkirchen bzw. eine Profilierung der eigenen Gemeinde auf dem Hintergrund einer verzerrten Darstellung der großen Kirchen, die kirchenfeindliche Vorurteile bedient?

II. Fragen im Gespräch mit den Gemeindeleitungen

1. Welche Veranstaltungen gibt es in der Freien Gemeinde (wo liegen ihre Schwerpunkte)?

2. Gehört die Gemeinde zu einem überregionalen Verband (s. o.) – und welche Konsequenz hat das?

3. Beteiligt sich der geistliche Leiter der Gemeinde an einem regionalen Treffen von Gemeindeleitern?

4. Gibt es eine wirksame ausgewiesene (institutionelle) Kontrolle der geistlichen Leiter (z. B. durch den Verband)?

5. Wird der Ältestenkreis von der Gemeinde gewählt oder vom Leiter ernannt?

6. Gibt es eine institutionalisierte Verbindung zur Ev. Landeskirche oder einer ökumenischen Aktivität (Evangelische Allianz, Weltgebetstag der Frauen o. ä.)?

7. Gehört zur Mitgliedschaft in dieser Gemeinde eine sog. Glaubenstaufe, auch wenn die Aufnahmewilligen bereits als Kinder getauft wurden? Kann die Gemeinde Menschen, die als kleine Kinder getauft wurden, als vollgültige Christen anerkennen? (*Besonders wichtig, wenn ein Patenamt angestrebt wird!*)

8. Versteht sie alle Mitglieder der Kirchengemeinde als Christen oder antwortet sie ausweichend wie „auch in der Kirche gibt es welche, die ...“?

9. Wird die landeskirchliche Gemeinde als Missionsgebiet angesehen? Wird auf Transferwachstum hingearbeitet (Abwerbung von Mitarbeitenden)?

10. Welche Rolle spielen die „Manifestationen des Heiligen Geistes“ in der Gemeinde? Gehört nach dortigem Verständnis zum wahren Christen eine Geisttaufe, die sich zeigt in Zungenreden (Sprachengebet), prophetisch-visionärer Rede, Heilen oder Dämonenaustreibung?

11. Wie stark wird auf das Privatleben der Mitglieder Einfluss ausgeübt mit der Autorität einer „Prophetie“ oder „Vision“?

12. Bei *Raumwünschen*: Plant die Freie Gemeinde eine Expansion oder Filiation in den Bereich der landeskirchlichen/ katholischen Gemeinde? Sollen Gottesdienste parallel zu den bisherigen kirchlichen Gottesdiensten angeboten werden? Wird der Raum gewünscht für regelmäßige Zusammenkünfte oder für einzelne (Werbe-)Veranstaltungen der Freien Gemeinde – evtl. unter dem Deckmantel einer gemeinsamen Unternehmung?

13. Will der Ältestenkreis/Pfarrgemeinderat ein geistliches Angebot in den eigenen Räumen zulassen, das nicht von der Gemeinde selbst getragen bzw. mitgestaltet und mitverantwortet wird?

14. *Bei Bewerbung für eine Anstellung im Kindergarten oder einer anderen sozialen Einrichtung der Kirchen:* Kann ein Mitglied einer Freien Gemeinde die landeskirchliche Gemeinde anerkennen und darauf verzichten zu missionieren? Würde z. B. im Kindergarten loyal ein landeskirchlicher Gottesdienst mit vorbereitet? (Grundsätzlich gilt die ACK-Klausel!)

Die Antworten auf diese oder ähnliche Fragen sind weder vorgegeben noch bewertet. Welche Schlüsse und welche Konsequenzen aus den Antworten für das Verhältnis zwischen bestehenden landeskirchlichen und freikirchlichen Gemeinden zu den neuen Gemeinden gezogen werden, liegt weitgehend im Ermessen der Fragenden. Das gilt natürlich nicht für jene Bereiche, in denen landeskirchliche Ordnungen betroffen sind.

Beratungsgespräche mit Gemeindegliedern vor Ort lassen sich kompetenter führen, wenn eine bessere Kenntnis voneinander vorhanden ist – und auch eventuelle Anfragen bei den landeskirchlichen Informationsstellen können gezielter behandelt werden, je klarer die Zielsetzungen einer Freien Gemeinde, eines Missionswerks oder einer überkonfessionellen Initiative geklärt sind.

Kai Buch

Die deutsche Pfingstbewegung in der Sicht der Anderen

Einleitung

Was ist das Charakteristische an der Pfingstbewegung aus der Sicht von Außenstehenden? Welche Erfahrungen wurden mit ihr gemacht und was unterscheidet sie von der Charismatischen Bewegung? Diesen Fragen ging ich als Student des Theologischen Seminars Beröa des Bundes Freikirchlicher Pfingstgemeinden im Rahmen eines Jahresreferates im Herbst 2001 nach. Die Studie trug den Titel „Pfingstbewegung 2001 – von außen gesehen: Einsichten, Rückfragen, Einsprüche."[1] Dazu wurden 70 Vertreter verschiedener Denominationen befragt, darunter 40 % aus evangelischen Landeskirchen, 14,3 % aus der römisch-katholischen und 44,3 % aus verschiedenen nicht-pfingstlichen Freikirchen. Darunter waren 51 Pfarrer, Pastoren oder Prediger sowie andere vollzeitliche Leiter und Mitarbeiter. Der Altersschwerpunkt lag bei den 51-55-jährigen, wobei die Altersspanne der 65 männlichen und fünf weiblichen Teilnehmer von 29 bis 79 Lebensjahren reichte.

Wesenszüge der Pfingstbewegung

Als Hauptmerkmal der Pfingstbewegung kristallisierte sich aus den acht Fragen der Erhebung mit 110 Nennungen der Heilige Geist als dritter Artikel der göttlichen Trinität heraus, der durch diese wieder entdeckt worden sei. Mit insgesamt 100 Angaben folgten die Charismen oder Geistesgaben, 90x wurde die Lebendigkeit der Pfingstbewegung in ihren verschiedenen Facetten als Charakteristikum genannt. Weitere Wesenszüge sind die Glossolalie (oder Zungenrede, 80x), das

---

[1] Erstveröffentlichung unter dem Titel „Pfingstbewegung 2001 von außen gesehen: Einsichten – Rückfragen – Einsprüche" im Jahrbuch des Vereins für Freikirchenforschung, Münster 2002, 189-194.

Glaubensleben der Pfingstler (80x), das man mehrheitlich als ernsthaft, gebetseifrig und hingegeben bezeichnet und die Geistestaufe (40x), die noch kontroverser behandelt wird als die Glossolalie. Ebensooft wird pfingstliche Exklusivität in Form von Elitedenken und Überheblichkeit angesprochen. 30x wurde der Missionseifer der Pfingstbewegung genannt, weitere häufiger vorkommende Charakteristika sind Erfahrung(stheologie), Heilung, Bibelbezug, fehlende Nüchternheit sowie mangelnde Ökumene und ungenügende Theologie.

Historische Entwicklungslinien

Schreibt man die Geschichte der Pfingstbewegung anhand der in einer Frage angegebenen Stichworte, so ergibt sich daraus folgende Entwicklung (die Stichworte sind *kursiv* gekennzeichnet und wurden unverändert übernommen):

„Die Pfingstbewegung hatte ihren Ursprung im *19. Jahrhundert,* als u. a. Prediger wie *R. H. Torrey* wirkten. Zur eigentlichen *Entstehung Anfang 20. Jhd.,* kam es dann in *Nordamerika,* genauer: den *USA* (2x), wo die Versammlungen in der *Azusa Street,* herausragende Bedeutung erlangten. So ist sie *neueren Datums* und entsprang u. a. der *Industrialisierung* und dem *Individualismus.* Von Beginn an war ein *sozialer Bezug* spürbar, der auch ins *Ghetto* hineinreichte. U. a. von dort wurde sie *afroamerikanisch* geprägt. Sie war *Kirche für Arme und Reiche,* hatte jedoch vor allem *kleinbürgerliche Zusammensetzung* bzw. *Mitglieder zumeist a. Arbeiterklasse stammend.*

Die *Bewegung* (2x) war eine *Erweckung* (2x), ein *erwecklicher, authentischer* und *geistlicher Aufbruch* (je 1x), der zu *Veränderung, Wachstum* und *Fortschritt* führte, da *weltweit* und *missionarisch* gearbeitet wurde. Die *Mission* (3x) führte *international* zu einer *Gemeindebewegung,* die *spalterisch,* aber auch zu *Spaltungen* (2x) und *Zersplitterung* (2x) führte. Mehr noch: *viele Spaltungen* waren das Ergebnis dieses *Spaltpilzes,* der eine *Gefahr* darstellte.

Die Bandbreite internationaler pfingstlicher Charaktere reichte von *Smith Wigglesworth* bis *David Duplessis,* an Organisationen formierten sich u. a. die *Geschäftsleute des vollen Evangeliums.*

In Deutschland konnte die Pfingstbewegung auf *pietistische Wurzeln* zurückgreifen, wurde jedoch mit der *Berliner Erklärung* (8x) *(leider/pers. Anm.: Ich lehne sie ab!)* (je 1x) verurteilt. Es gründeten sich u. a. der *Mülheimer Verband* (2x), die *Elim-Gemeinden* und die *Gemeinde Gottes*, man sang *Reichslieder*. Sie *wurden ausgegrenzt* und als *Sekte* (2x) bezeichnet und verhielten sich selbst auch *zu wenig ökumenisch*, haben aber *trotz Berliner Erklärung durchgehalten!* Später kam es u. a. zur Gründung der Bibelschule *Beröa*, des *BFP* (2x), deren Präses heute Ingolf *Ellßel* ist, und der *PBC* als politischer Gruppierung. Der bekannteste Pfingstprediger ist Reinhard *Bonnke*.

Mitte des vergangenen Jahrhunderts kam dann ein *charismatischer Aufbruch* dazu. Diese *junge, wachsende charismatische Bewegung* brachte zunehmend *Liedgut englischer Art,* eine *primitive Kirchenmusik.* In den 90er Jahren machte der *Toronto-Segen* (2x) Schlagzeilen.

Gegenwärtig muss man sagen: *Die Pfingstbewegung ist „ein weites Feld",* undurchsichtig und *unüberschaubar,* aufgeteilt in *mehrere Gruppen* mit einer *Spanne bis hin zu Peter Wenz und Bonnke.* Viele Pfingstgemeinden sind zu *Wohlstand* gekommen, was zur *Erlahmung des missionarischen Engagements* geführt haben mag. Zudem gab es *enttäuschte Menschen, deren Erwartungen nicht in Erfüllung gingen.* Gegenwärtig sind die Pfingstgemeinden eine *„Minderheitenkirche" in Europa,* wenngleich es international vielleicht heißt: *„500 Mio. Pfingstler weltweit (?); ebenso 90 Mio. Expfingstler (?)."*

Persönliche Eindrücke und Herausforderungen der Befragten

Eine Frage der Erhebung war die Bitte, einen Satz zu vervollständigen, der mit den Worten „Die Pfingstbewegung ist für mich ..." begann. Die 70 Eindrücke, die so weitergegeben wurden, lassen sich in 11 Gruppen gliedern, wobei einige Aussagen zwei Kategorien zugeordnet wurden (Zitate sind wieder *kursiv* hervorgehoben):

Die mit 21 Angaben, d. h. 24 %, größte Gruppe ist diejenige, die in der Pfingstbewegung eine Aufforderung bzw. Herausforderung für andere Kirchen bzw. Christen sieht. So ist sie *ein wichtiges Stück Kirchengeschichte und eine Anfrage an die* großen Konfessionen, die längst noch nicht beantwortet ist (Theologe, röm.-kath.), *eine wichtige Herausforderung für die traditionellen Kirchen und Freikirchen im Blick auf den 3. Artikel des Glaubens* (Pastor, BEFG) und *eine Herausforderung für die bestehenden Kirchen, dass die „Äußerungen" von Christsein erfahrungsbezogener sein müssen* (Pfarrer, evang.-luth.). In einige Sätze mischt sich gleichzeitig die Warnung vor der Gefahr und Einseitigkeit der Pfingstbewegung, mit 11 Angaben, d. h. 13 %, die drittgrößte Gruppe. In ihnen ist die Pfingstbewegung *eine Bewegung, der es um die geistliche Erneuerung der Christenheit geht, die jedoch von Fehlentwicklungen und Irrwegen nicht verschont blieb* (Pastor, STA) und *einerseits eine geistliche Herausforderung und zum anderen eine Warnung, nüchtern bei dem zu bleiben, was das Neue Testament verheißt und was nicht* (Leiter eines Werkes, evang.-luth.). In der negativen Form heißt dies *der vergebliche Versuch, Gottes Geist und Gnade unseren Wünschen gefügig zu machen. Daran ändert auch ihr weltweiter Erfolg nichts* (Leiter eines Werkes, BFeG) und *ein Krankheitssymptom, hervorgerufen durch die leblosen Volkskirchen, die die geistlichen Dimensionen besonders im Gottesdienst sträflich vernachlässigen* (Pfarrer, evang.-luth.).

Die knapp zweitgrößte Gruppe mit 20 Angaben, d. h. 23 %, sieht in der Pfingstbewegung einen mehr oder weniger gerne gesehenen Teil der Weltchristenheit. Einerseits also z. B. *Teil des Leibes Jesu Christi, seiner Gemeinde, mit der ich mich durch den gemeinsamen Glauben an Jesus Christus bei allen Unterschieden in theologischer Ausrichtung und Frömmigkeit verbunden weiß* (Pastor, BEFG) und eine *Schwesterkirche, mit der ich gern zusammen bin!* (Offizierin, Heilsarmee), andererseits aber auch *eine Frömmigkeitsbewegung, die nicht meinem Frömmigkeitsstil entspricht* (evang.-luth.). Neutral gesprochen ist sie *ein bemerkenswertes weltweites Phänomen, auf das die deutschen Großkirchen aufmerksam werden (z. B. Ökumene-Synode der EKD 2000)* (Pastor, EMK), *vielleicht ein möglicher Glaubensweg, gemäß dem Rahner-Wort „Der Gläubige der Zukunft wird ein Mystiker sein"* (Pfarrer, röm.-kath.) und *eine legitime Form biblischer Gemeinden und wie alle anderen gelegentlich kritisch zu hinterfragen* (Prediger, BFeG).

Die viertgrößte Gruppe mit zehn Angaben, d. h. 11 %, betont das Wirken Gottes durch die Pfingstbewegung als gutes Eingreifen bzw. Zeichen. Sie ist *wie ein Springbrunnen in trockener Kirchenlandschaft* (Priester, röm.-kath.), *ermutigendes Zeichen, dass Gott in jeder Zeit sein Volk erweckt und belebt* (Pastor, BEFG), *ein erstes Aufleuchten der Gottheit des Heiligen Geistes in der früheren Neuzeit* (Pfarrer, evang.-luth.) und eine *Erfrischung im Geist* (Pfarrer, evang.-luth.).

Mit acht Angaben wird eine theologische bzw. historische Analyse der Pfingstbewegung gegeben. Einen unterschiedlichen Schwerpunkt setzen z. B. die beiden folgenden Äußerungen, die jeweils bei der Gründung ansetzen. Demnach ist sie sowohl *eine Richtung innerhalb der erwecklichen Tradition, die durch das Zusammenwirken unterschiedlicher theologischer Strömungen der Erweckungsbewegungen des 19. Jahrhunderts entstanden ist* (Pfarrer, evang.-ref.), als auch *veraltet, stammt aus dem 19. Jahrhundert, eine Bewegung, die ernstgenommen werden muß, weil sie aus den Armutsgürteln der Welt stammt* (Pfarrer evang.-luth.).

In sechs Fällen wird vom Antrieb bzw. der Stütze der Mission gesprochen, den die Pfingstbewegung darstellt. So ist sie *ein wichtiger Bestandteil für die Dynamik des Volkes Gottes* (Pfarrer, evang.-luth.) und *einerseits begeisterter Glaube, andererseits Rückschritt hinter die Aufklärung* (Theologe, röm.-kath.). Diese Aussage gehört ebenfalls zur Gruppe von drei Äußerungen, die über das Zeit- bzw. Unzeitgemäße der Pfingstbewegung sprechen. So geht sie z. B. mit und nicht gegen die Zeit, da sie *eine rel. Gemeinschaft (ist), in der der Glaube gefühlsbetont gelebt und gefördert wird, was einem spirituellen Bedürfnis unserer Zeit zu entsprechen scheint* (Kirchenhistorikerin, EMK).

Von der Vielschichtigkeit sprechen ebenfalls drei Beteiligte als *eine (in sich oft uneinheitliche) Herausforderung der etablierten Kirchen – faszinierend und ambivalent zugleich* (Pfarrer, evang.-luth.). Die Gefahr der Erlahmung wird in zwei Angaben genannt als *eine mehr oder weniger vermenschlichte, ins Stocken geratene Erweckung; aber die wohl lebendigste Freikirche* (Leiter eines Werkes, BEFG). Zwei Beteiligte bringen ihre gestiegene Akzeptanz der Pfingstbewegung zum Ausdruck, denn sie ist *näher gerückt. Ich habe mehr Vertrauen gefasst, Berührungsängste verloren und kann mir hier und da – nach vorheriger Absprache – gemeinsame Veranstaltungen vorstellen* (Pastor, BFeG) und *akzeptiert, aber nicht favorisiert!* (Pastor, Freikirchlicher Bund der Gemeinde Gottes). Für eine Person ist die Pfingstbewegung *eine eher unbekannte Größe* (Theologe, röm.-kath.).

Einschätzungen

Insgesamt sind in der Umfrage alle Facetten der Wahrnehmung von großer Sympathie bis zu entschiedener Antipathie enthalten. 29 % machten in der Begegnung mit Pfingstlern positive Erfahrungen, 25 % schlechte und 46 % der Befragten konnten von beidem berichten. So sind die Pfingstler *teils besser als ihr „Ruf"*, wie ein Pastor aus dem freikirchlichen Bund der Gemeinde Gottes schreibt, aber auch *oft exklusiv und elitär; oft weltfern, wenig gesellschaftsverantwortlich*, so die Äußerung eines evang.-luth. Pfarrers und Leiters eines Werkes, und ein Pastor des BEFG bemerkt *ambivalent: tief gegründete Frömmigkeit und Begeisterung für Jesus Christus, Verurteilung meiner Person und meiner Frömmigkeit, da mir z. Zt. die Gabe des Zungenredens fehlt.*

Konkret konnten die Befragten sich dazu äußern, was sie an der Pfingstbewegung schätzen, vermissen und verurteilen würden. Positiv wurde vor allem der Einbezug des Heiligen Geistes in das Glaubensleben beurteilt. Gemeint ist *die kindliche Erwartung, dass Gott hier und heute Großes tut,* wie ein evang.-luth. Pfarrer und Leiter eines Werkes schreibt, gepaart mit dem *Wachhalten der Dimension der geistlichen Gaben,* wie ein evang.-ref. Kollege betont. Dazu kommen Lebendigkeit, Spontanität und Freude, die in der Pfingstbewegung erlebt werden, und eine spürbare Liebe zu Jesus, die sich in konsequenter Nachfolge äußere. Ein Theologe der EMK schätzt speziell die *Sehnsucht, von Gott verändert und von der Sünde befreit zu werden.*

Vermisst wird vor allem Nüchternheit, Ausgrenzung von Extremen sowie Ökumene und theologischer Diskurs. So sucht man bei Pfingstlern vergeblich die *Differenzierung und Selbstkritik bezüglich besonderer Erfahrungen,* wie ein Pastor des BEFG schreibt, und, mit den Worten eines Pastors der STA, *ein kritisches Hinterfragen nach der Echtheit bestimmter Phänomene.* Aus ökumenischer Sicht vermisst man die *aktive Teilnahme am theologischen Gespräch mit Evangelikalen,* wie es ein Theologe des BEFG ausdrückt. Die *Kooperation mit anderen*

Gemeinden muß verstärkt werden, äußert sich ein evang.-ref. Theologe und Leiter eines Werkes, ergänzt aber, dies sei ein *gegenseitiges Problem.* Zudem wird in der Pfingstbewegung ein Mangel an gründlicher theologischer Arbeit gesehen.

Verurteilt wird bei der Pfingstbewegung vorwiegend der Hang zu Exklusivität, Ausgrenzung, Überheblichkeit und Abspaltung. So erwecken Pfingstler *den Eindruck: wir sind die überzeugten Christen,* wie ein röm.-kath. Priester schreibt, und ein Pastor des BEFG sieht *die z. T. erkennbare Tendenz zu einem „2-Klassen-Christentum": Erst dort, wo das Wirken des Geistes in bestimmten Formen sichtbar ist, ist man <u>richtig</u> Christ!* Ebenfalls angeprangert werden geistliche Manipulation und geistlicher Mißbrauch. Ein evang.-luth. Pfarrer und Leiter eines Werkes verurteilt *jeden Versuch, geistliche Dinge, die man erwartet, die aber nicht so eintreffen wie erwartet, durch schwärmerische und ideologische Manipulationen zu ersetzen.* Verurteilt wird ebenfalls, *wenn bestimmte Erfahrungen mit einem bestimmten Maß an Glauben verbunden werden oder umgekehrt (z. B. „Wer nicht geheilt wurde, der hat nicht genug geglaubt."),* wie ein Pastor des BEFG schreibt. Eine Überbetonung und Verabsolutierung geistlicher Erfahrungen, die sich einer Überprüfbarkeit entziehen, wird ebenfalls beanstandet.

Als Lernziele für die Pfingstbewegung wurden in der Untersuchung schließlich hauptsächlich folgende Bereiche benannt: Überwindung mangelnder Ökumenizität bzw. übermäßiger Exklusivität, Korrektur falscher Prophetien und nicht eingelöster Heilungsversprechungen, reflektierterer Umgang mit Charismen und eine allgemein tiefer gegründete Theologie, die weniger auf Erfahrungen beruht. Allerdings gestehen einzelne Befragte auch Fehler bei den anderen Konfessionen und Denominationen ein, so die Aussage eines evang.-luth. Pfarrers, dass *das Bild der Pfingstbewegung von anderen Konfessionen und Kirchen ... nicht immer realistisch und fair* gewesen sei. Die Korrekturbereitschaft innerhalb der Pfingstbewegung wird mehrheitlich als gut eingeschätzt, wie ein Gemeindeleiter des BEFG schreibt: *Sie hat meiner Meinung schon viel dazugelernt und ist sicher auf einem guten Weg.*

In der Frage übergemeindlicher Zusammenarbeit besteht dennoch für 86 % der Beteiligten Gesprächsbedarf in theologischen und sonstigen Bereichen, vor allem den Charismen, Geistestaufe und Glossolalie sowie dem Umgang mit Heilung und Prophetie, wobei von den 86 % knapp jeder Vierte möglichen Klärungsbedarf erst während einer Zusammenarbeit sieht. Nach Ansicht eines Predigers des BFeG sollten *auf Allianzebene ... die Pfingstler ihr Sondergut ebenso zurückhalten, wie andere Gruppen das ihre.*

Verhältnis zur charismatischen Bewegung

Die Teilnehmer der Untersuchung wurden ebenfalls nach Unterschieden zwischen der „charismatischen" Bewegung und der Pfingstbewegung befragt. 84 % bejahten dies, immerhin 11% räumten ihr Unwissen zu diesem Punkt ein. Am häufigsten wird hier die Ekklesiologie genannt. Während die Pfingstbewegung eindeutig als Freikirche erscheint, so wird die charismatische Bewegung vorwiegend *als Erneuerung der bestehenden Kirchen,* so ein Theologe der EMK, gesehen, während ein evang.-unierter Pfarrer mit einem Teil der Befragten auch *zahlreiche „freie" charismatische Gemeindegründungen* registriert. Als zweithäufigster Unterscheidungsbereich wird das theologische Fundament und daraus erwachsend der Umgang mit Extremen gesehen. Hier differieren die Meinungen stark. Während eine kleinere Gruppe die charismatische Bewegung als *theologisch reflektierter und fundierter* ansieht, wie sich ein röm.-kath. Theologe äußert, vertritt ein größerer Personenkreis die Auffassung, die Pfingstbewegung habe, so ein Pastor des BFeG, *dazugelernt und theol. Einseitigkeiten abgebaut* und lege *oft mehr Wert auf bibl. Grundlagen,* wie ein Evangelist des BEFG schreibt.

AUTORINNEN UND AUTOREN

Dr. Jan Badewien
(1947), Pfarrer, Dr. theol., langjähriger Gemeindepfarrer in Überlingen/Bodensee, Akademiedirektor an der Ev. Akademie Baden, Landeskirchlicher Beauftragter für Weltanschauungsfragen der Evangelischen Landeskirche in Baden (Karlsruhe)

Kai Buch
(1969), Pastor im Bund freikirchlicher Pfingstgemeinden, Heppenheim, Studium am Theologischen Seminar Beröa mit der Abschlussarbeit „Das Urchristentum – zeitloses Ideal für die Gemeinde Jesu?"

Alexander F. Gemeinhardt
(1973), Dipl.-Religionspädagoge (FH), Magister für Soziale Verhaltenswissenschaften, seit 2000 Geschäftsführer des Evangelischen Bundes Hessen und Nassau, seit 2004 Wissenschaftlicher Referent für Öffentlichkeitsarbeit am Konfessionskundlichen Institut Bensheim

Dr. Reinhard Hempelmann
(1953), Pfarrer der Evangelischen Kirche von Westfalen, Promotion mit einer Arbeit über „Sakrament als Ort der Vermittlung des Heils", acht Jahre Dozent für theologische Fächer an der CVJM-Sekretärschule in Kassel, seit 1992 Referent der Evangelischen Zentralstelle für Weltanschauungsfragen (EZW) für neue religiöse und geistliche Bewegungen, seit 1999 Leiter der EZW, Forschungsschwerpunkte: Neue Religiöse Bewegungen, Charismatisch-pentekostales Christentum, Christlicher Fundamentalismus, ökumenische Theologie

Dr. Andreas Heuser
(1961), Pfarrer der Evangelischen Kirche in Hessen und Nassau; Diplom-Politologe. Studienleiter an der Missionsakademie an der Universität Hamburg (1999–2004); seit 2005 Profilstelle Ökumene und Bildung im Dekanat Runkel/Limburg. Forschungsschwerpunkte: Kirchen- und Missionsgeschichte Afrikas; Konversionsfragen; Migrationskirchen in Europa; Religion und Politik

Jutta Koslowski
(1968), Studium der Sozialpädagogik in Bamberg; Studium der evangelischen, katholischen und orthodoxen Theologie sowie Philosophie und Judaistik in München, Tübingen und Oxford; Schwerpunkt: ökumenische Theologie; promoviert über „Zielvorstellungen kirchlicher Einheit im katholisch-evangelischen Dialog" am Zentrum für Ökumenische Forschung in München

Dr. Michael Plathow
(1943), seit 2001 Leiter des Konfessionskundlichen Instituts Bensheim und Bundesdirektor des Evangelischen Bundes; außerplanmäßiger Professor für Systematische Theologie an der Universität Heidelberg

Dr. Dirk Spornhauer
(1963), Pfarrer der Evangelischen Kirche von Westfalen; seit 2001 Gemeindepfarrer in Bad Berleburg-Raumland; seit 2000 beratender Mitarbeiter im Konfessionskundlichen Institut Bensheim. Forschungsschwerpunkt: Pfingstkirchen; Charismatische Bewegungen innerhalb und außerhalb der verfassten Kirchen; Neue Gemeinden

Martin Ufer
(1971), seit 2004 Pfarrvikar der Evangelischen Kirche in Hessen und Nassau in Dornholzhausen, Preisträger des „Hochschulpreises des Evangelischen Bundes 2001" für eine Studie über „Neopfingstlerische Bewegungen in Brasilien"

Dr. Heike Vierling-Ihrig M.A.
(1967), Studium der Evang. Theologie, Pädagogik und Philosophie in Heidelberg und München, Lehr- und Pfarrvikariat in der Badischen Landeskirche; Spezialvikariat bei Churches Commission for Migrants in Europe in Brüssel; Wissenschaftliche Angestellte und Lehrauftrag am Diakoniewissenschaftlichen Institut Heidelberg. Seit Oktober 2003 wissenschaftliche Assistentin am Praktisch-Theologischen Seminar (Religionspädagogik) der Universität Heidelberg

ABKÜRZUNGSVERZEICHNIS

ACK	Arbeitsgemeinschaft Christlicher Kirchen
AKf	Arnoldshainer Konferenz
AUK	Afrikanische Unabhängige Kirchen
BFP	Bund Freikirchlicher Pfingstgemeinden
CTE	Corporación Comunidad Teológica Evangélica de Chile
DBK	Deutsche Bischofskonferenz
DEA	Deutsche Evangelische Allianz
EMW	Evangelisches Missionswerk
EPTA	European Pentecostal Theological Association
EKD	Evangelische Kirche in Deutschland
EvTh	Zeitschrift für Evangelische Theologie
EZW	Evangelische Zentralstelle für Weltanschauungsfragen, Berlin
FET	Facultad Evangélica Teológica, Santiago
GGE	Geistliche Gemeinde-Erneuerung
GRAL	Internationale Bewegung katholischer Frauen
IELCH	Iglesia Evangélica Luterana de Chile
ILCH	Iglesai Luterana de Chile
ISBT	Instituto Superior Biblico Theológico, Santiago
IWF	Internationaler Währungsfonds
KEK	Konferenz Europäischer Kirchen
KI	Konfessionskundliches Institut des Evangelischen Bundes, Bensheim
MDdKI	Materialdienst des Konfessionskundlichen Instituts
MDEZW	Materialdienst der Evangelischen Zentralstelle für Weltanschauungsfragen
PaThSt	Paderborner Theologische Studien
SPS	Society for Pentecostal Studies
UNESCO	United Nations Educational, Scientific and Cultural Organization
VEF	Vereinigung Evangelischer Freikirchen
VELKD	Vereinigte Evangelisch-Lutherische Kirche Deutschlands
WCC	World Council Of Churches – Ökumenischer Rat der Kirchen

BENSHEIMER HEFTE

Heft 68:   Reinhard Thöle (Hg.)
           Zugänge zur Orthodoxie
           mit 41 Abbildungen
           3., neubearbeitete Auflage
           1998, 331 Seiten, Euro 18,90

Heft 70:   Erich Geldbach
           Freikirchen – Erbe, Gestalt und Wirkung
           2., völlig neu bearbeitete Auflage
           2005, 356 Seiten, Euro 19,90

Heft 97:   Walter Fleischmann-Bisten (Hg.)
           Papstamt – pro und contra
           Geschichtliche Entwicklungen und
           ökumenische Perspektiven
           2001, 288 Seiten, Euro 18,90

Heft 100: Karl-Reinhart Trauner/Bernd Zimmermann (Hgg.)
           100 Jahre Evangelischer Bund in Österreich
           Probleme und Chancen in der Diaspora-Arbeit
           2003, 260 Seiten, Euro 19,90

Heft 101: Konfessionskundliches Institut (Hg.)
           Was eint? Was trennt?
           Ökumenisches Basiswissen
           2. Auflage,
           2003, 93 Seiten, Euro 9,90

Heft 102: Walter Schöpsdau
           Wie der Glaube zum Tun kommt
           Wege ethischer Argumentation im ev.-kath. Dialog
           2004, 176 Seiten, Euro 19,90

(Preisstand: November 2005)

MATERIALDIENST
des Konfessionskundlichen Instituts Bensheim

Informationen
über Katholizismus, Orthodoxie,
Protestantismus
und die ökumenische Situation

Ein Redaktionsteam von fünf Wissenschaftlern informiert aktuell über Vorgänge und Tendenzen im Katholizismus, Anglikanismus, in der Orthodoxie und im Protestantismus und prüft Zusammenhänge und Hintergründe von Tagesereignissen auf theologischen und ökumenischen Gehalt.

Der MD erscheint zweimonatlich, 20 Seiten, Unkostenbeitrag im Jahr: 18,– Euro zuzüglich Versandkosten.
Für Studentinnen und Studenten: 9,– Euro zuzüglich Versandkosten.

Ansichtsexemplare anfordern:

Konfessionskundliches Institut
des Evangelischen Bundes
Postfach 12 55
64602 Bensheim
e-mail: info@ki-ev-bund.de
Internet: http://www.ekd.de/ki
Tel. 0 62 51 / 84 33-25 · Fax 84 33-28

Ökumenische Studienhefte

Im Auftrag des Konfessionskundlichen Instituts
hg. von Hans-Martin Barth und Reinhard Frieling

Die Bensheimer Ökumenischen Studienhefte (ÖSt) sind eine große Hilfe für Unterricht und Gemeindepraxis. Sie führen in die ökumenischen Dialoge der letzten Jahrzehnte ein. Texte, Kommentare und Perspektiven vermitteln eine Bilanz der Ökumene, die jeder ökumenisch Interessierte kennen muß.

Interessenten: Die Ökumenischen Studienhefte sollen im universitären Lehrbetrieb, aber auch im Religionsunterricht und in der Erwachsenenbildung (Ökumenische Arbeitskreise) Verwendung finden, sowie Pfarrer/Pfarrerinnen und Mitglieder von kirchlichen Gremien ansprechen.

Aufbau: Jedes der Hefte enthält bei ca. 150 Seiten Umfang drei Teile:

A Konfessions- und kontextspezifische Positionen (Darstellung/Dokumentation)

B Ökumenische Prozesse und Dialoge (Darstellung/Dokumentation)

C Bilanz und Perspektiven

Bei Bestellung der ganzen Reihe 10 % Nachlaß als Subskriptionspreis!
– Einzelheft Euro 15,90 (Preisstand November 2005) –